똑똑한 바보
대통령 노무현

똑똑한 바보 대통령 노무현

글 김태광 · 그림 심인섭

차례

똑똑한 바보
대통령 노무현

서문 "나는 바보라는 말이 좋아요." ★ 8

1장 농부는 밭을 탓하지 않아요

가난은 부끄러운 것이 아니야 ★ 12
　진짜 부끄러운 것이 뭔지 알아야 한다 ★ 17

생애 첫 연설 ★ 20
　세상에 처음 나를 외치다 ★ 23

내 꿈은 판사가 되는 거야 ★ 28
　'노천재' 노무현, '돌콩' 노무현 ★ 32

난 승복할 수 없어요, 상을 반납하겠어요! ★ 35
　옳다고 생각해서 한 일이면 당당히 버텨라 ★ 39

 〈노란 쪽지〉 "농부는 밭을 탓하지 않아요." ★ 43
―환경을 탓하지 않고 극복하는 사람

★ 4 ★

2장 과정도 하나의 직업입니다

그래, 고시공부를 하겠어 ★ 46
　막노동에서 깨달음을 얻다 ★ 50
든든한 버팀목 큰형님 ★ 54
　형님의 꿈, 그리고 나의 꿈 ★ 57
아내와 아들까지 딸린 고시생 ★ 61
　소명의식을 갖다 ★ 64
　∷ 공부의 동기를 찾게 해주는 스무고개 ∷ ★ 66
마침내 사법고시에 합격하다 ★ 68
　∷ 노무현의 공부 방법 ∷ ★ 72

 〈노란 쪽지〉 "과정도 하나의 직업입니다." ★ 77
　—꿈을 갖고 정진하는 사람

 3장 도와줄까요? VS 이의 있습니다!

꿈에 그리던 판사가 되다 ★ 80
억울한 사람들을 위하여 ★ 85
　인권변호사로 활동하다 ★ 88
국회의원이 된 노무현 ★ 91

청문회 스타가 되다 ★ 95
    불의와 타협하지 않는 소신 ★ 99

지역주의 장벽을 넘어라 ★ 102
    농부는 밭을 탓하지 않는다 ★ 107

제가 필요하면 언제든지 말하십시오 ★ 111

바보 노무현을 사랑하는 사람들의 모임, 노사모 ★ 116
    희망돼지 저금통 ★ 121

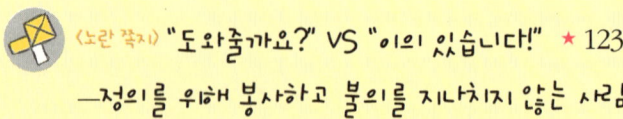 〈노란 쪽지〉 "도와줄까요?" VS "이의 있습니다!" ★ 123
    ―정의를 위해 봉사하고 불의를 지나치지 않는 사람

 4장 맞습니다, 맞고요

제16대 대통령에 당선되다 ★ 126
원칙과 소신을 지키는 대통령 ★ 130
가장 서민적이고 인간적인 대통령 ★ 135
남북정상회담을 성공적으로 개최하다 ★ 139

 〈노란 쪽지〉 "맞습니다, 맞고요." ★ 145
    ―남의 말을 경청하고 배려하는 마음을 바탕으로
      뜻을 펼치는 사람

5장 못생긴 나무가 산을 지킵니다

이제 나는 한 사람의 국민입니다 ★ 148
   대통령님, 나와 주세요! ★ 151

나도 한자공부를 하겠어요 ★ 155
   사람들은 왜 봉하마을로 갔을까? ★ 158

밀짚모자 할아버지의 배려 ★ 161
   제가 개그를 잘 하니까 ★ 165

   :: 한국의 링컨 노무현 :: ★ 168

농사 공부하는 대통령 ★ 170
   떠나는 농촌에서 돌아오는 농촌으로 ★ 173

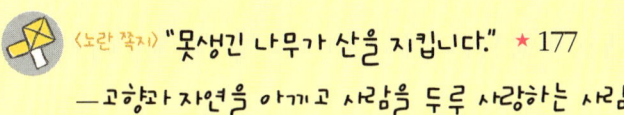 〈노란 쪽지〉 "못생긴 나무가 산을 지킵니다." ★ 177
—고향과 자연을 아끼고 사람을 두루 사랑하는 사람

서문

나는 바보라는 말이 좋아요

"대통령님이 정말 바보예요?"

내가 보는 신문을 곁눈질로 훔쳐보던 조카가 물었습니다.

"아니야. 바보 아니야."

"그런데 왜 사람들은 바보 대통령이라고 불러요?"

"그건 말이야……."

어린 조카에게 어떻게 쉽게 설명을 해주어야 하나? 나는 잠시 망설였습니다.

"난 대통령님을 바보라고 하는 것 싫어요. 그건 나쁜 말이잖아요."

"그렇지 않아. 바보라는 말은, 미루기 힘든 걸 알면서 바보처럼 고집을 부린다고 해서 사람들이 붙여준 별명이야."

"힘든 줄 알면서 왜 고집을 부려요?"

"그거야 자신이 옳다고 믿기 때문이지."

"옳은 일을 하는데 왜 바보라고 해요? 그럼 그렇게 부르는 사람들이 더 바보지요."

옳은 일을 하는 사람을 바보라고 부르는 사람들이 더 바보라는 조카의 말이 가슴에 찌릿 와 닿았습니다.

"하지만 대통령님은 그 별명을 좋아하셨단다. 나는 바보라는 말이 좋아요, 라고."

힘든 일, 이루기 어려운 일을 비켜가고 싶은 것이 사람의 마음입니다. 그러나 그걸 뻔히 알면서도 신념으로 밀어붙인 사람, 계속되는 실패에도 꿈을 포기 않았던 사람, 바보 대통령 노무현의 삶을 조카에게 들려주고 싶어졌습니다. 그렇다면 어디서부터 이야기를 시작해야 할까?

그런데 꼬리에 꼬리를 무는 조카의 질문이 계속되었습니다.

"대통령님은 어렸을 때 꿈이 대통령이었어요?"

"어렸을 적 꿈은 판사가 되는 것이었단다."

"정말요? 왜 판사가 되고 싶어 했어요?"

"궁금하니? 그럼 어린 시절 이야기부터 시작해볼까?"

"네. 빨리요."

《똑똑한 바보 대통령 노무현》의 이야기는 이렇게 시작이 되었습니다.

2009년 6월 **김 태 광**

사실 2등 상도 훌륭한 것이고 자랑스러워할만한 것인데
겸손하지 못했다고 반성한 것입니다. 하지만 그때 어린 무현이
억울해했던 것은 누구에게나 똑같은 기회를
주지 않았다는 것이었고 그래서 화가 나고 승복할 수 없었던 것입니다.
그리고 부당함에 대한 행동을 즉각 옮긴 것입니다.

농부는 밭을 탓하지 않아요

1장

가난은 부끄러운 것이 아니야

　8·15 해방 이듬해인 1946년 9월 1일 경상남도 김해군 진영읍 본산리 봉하마을에서 한 아기가 태어났습니다. 그 아기가 바로 '한국의 링컨'을 꿈 꾼 노무현 대통령입니다. 당시는 일본 식민지에서 해방된 지 얼마 되지 않은 탓에 모두가 굶주리고 힘들었습니다. 그래서 하루에 세끼 식사를 한다는 것은 꿈속에서나 가능했습니다. 하지만 자상한 부모님 아래서 그는 활달한 성격의 소년으로 성장했습니다.

노무현은 가난한 농사꾼의 5남매 중 막내였습니다. 위로 누나 둘과 형 둘이 있었습니다. 누나들과 형들은 막내 무현이를 무척 아껴주었습니다.

어려서 무현은 고집이 세고 의지가 강했습니다. 자신이 옳다고 생각한 부분은 반드시 실행에 옮기는 소신 있는 아이였습니다. 이런 성격은 아버지한테 물려받았습니다. 아버지는 정의에 어긋나는 일이면 남들과 타협하지 않는 분이었습니다. 그래서 종종 손해를 보는 일도 많았습니다. 언젠가 마름(소작을 관리했던 사람)과 소작인(농지를 빌려 소득의 일부를 지주에게 바치는 농민)의 법정 다툼이 일어난 적이 있었습니다. 당시 아무도 증인을 서려고 하지 않아 아버지는 소작인 편에서 증인을 섰습니다. 그 결과 아버지가 증언해준 쪽이 소송에서 이기게 되었습니다. 그런데 얼마 후 소작인은 아버지를 빼놓고 마름과 화해를 해버렸습니다. 결국 그 일로 사람들로부터 아버지만 원망을 듣게 되었습니다.

그러자 속이 상한 어머니는 자주 이런 말을 했습니다.

"어떻게 아버지를 배신할 수 있어? 너희들은 절대 바보처럼 양심껏 살지마라."

어머니는 자식들이 마음씨 좋은 남편처럼 사람들에게 이용 당하며 살지 않기를 바랐습니다.

아버지는 법정 싸움 때문에 토지 주인의 아들들에게 몰매를 맞아 두루마기에 피가 묻어서 집으로 들어오시기도 했습니다. 무현은 다들 어리석다고 말하는 아버지의 마음을 충분히 이해 할 수 있었습니다. 그래서 더욱 가슴이 아팠습니다.

봉하마을 뒤로는 봉화산과 자왕골이 있었는데 그곳은 어린 시절의 무현에게 빼놓을 수 없는 놀이터였습니다. 봉화산에서 친구들과 진달래를 따먹거나 칡을 캐 껌처럼 질겅질겅 씹곤 했 습니다. 또한 자왕골에서는 가재를 잡거나 개구리를 쫓아다니 기도 했습니다.

동네 친구들 중에서는 풀을 먹이기 위해 소를 끌고 나오는 아이들도 있었습니다. 그럴 때면 무현은 소를 키우는 친구들이 부러웠습니다.

'우리 집에도 소가 있다면 얼마나 좋을까?'

하지만 아이들과 놀다보면 이런 생각은 금세 사라졌습니다. 아이들은 골짜기에다 소의 고삐를 풀어놓았습니다. 알아서 배

부를 만큼 풀을 뜯어먹으라는 뜻에서였습니다. 그리고는 깨끗한 계곡 물에서 물장구를 치며 놀았습니다. 그러다 물놀이가 시들해지면 바위를 타며 무료한 시간을 보냈습니다. 그 시간만큼은 세상에서 가장 평화롭고 행복했습니다.

무현이 살던 마을에는 학교가 없었던 탓에 아이들은 모두 진영읍내에 있는 진영중학교까지 약 4킬로미터를 걸어 다녀야했습니다. 지금의 아이들에게 먼 길을 걸어 다니라고 한다면 불평을 터뜨릴 것입니다. 그러나 무현에게는 그 등하교 길이 너무도 즐거운 시간이었습니다. 왜냐하면 학교를 오가며 친구들과 다양한 놀이를 할 수 있기 때문입니다. 봄에는 하교 길에 밀을 꺾어 구워먹는 밀사리를 하거나 혹은 보리싹으로 보리피리를 만들어 불었습니다. 그리고 친구들과 종종 보리깜부기(여물지 못하고 새까맣게 병이 든 보리 이삭)를 뽑아 얼굴에 까맣게 바르고는 보리밭에 숨어 있다가 지나가는 여학생들을 깜짝 놀라게 하기도 했습니다.

그 당시 아이들에게 있어 물총과 주머니칼은 따분한 시간을 즐거운 시간으로 바꾸어주는 도구였습니다. 그래서 무현은 두 가지를 사려고 선생님이 주는 책값 통지서의 글자를 바꾸기도 했습니다.

학교에서 집에 돌아오면 아이들은 놀기 위해 다시 뭉쳤습니다.

"우리 자치기 할까?"

"오늘은 팽이치기 하자."

"좋아!"

팽이치기를 하고 있으면 어느새 어둑해져 저녁이 되었습니다. 그러면 아이들은 하나 둘 어머니가 부르는 소리에 이끌려 집으로 향했습니다.

무현에게는 모두들 부러워하는 형이 둘이나 있었습니다.

큰형은 법대를 다니고 있었는데 종종 친구들이 놀러오면 정치에 대해 열띤 논쟁을 벌이곤 했습니다. 무현은 큰형 방에서 잡지나 책을 보거나 유행가를 따라 부르기도 했습니다.

작은형은 손재주가 좋아 장난감을 직접 만들었습니다. 때로 무현은 작은형이 만든 장난감이 탐이 나면 일부러 울음을 터뜨리곤 했습니다. 그러면 작은형은 무현에게 애써 만든 장난감을 선뜻 양보해주었습니다.

무현은 큰형과 작은형 덕분에 항상 당당했습니다. 든든한 형들 덕분에 다른 친구들한테 맞거나 놀림을 당한 적도 없었습니다. 동그랗고 하얀 얼굴의 막내 무현은 언제나 부모님과 형과 누나의 사랑을 독차지했습니다.

진짜 부끄러운 것이 뭔지 알아야 한다

초등학교 시절 무현은 명랑하고 공부도 잘했지만 심한 열등감에 사로잡혀 있었습니다. 바로 가난 때문이었습니다. 가난에서 생겨난 열등감은 초등학교 시절 내내 무현을 따라다녔습니다.

2학년이 되자 모두 단체로 새 학용품을 주문했습니다. 하지만 무현은 가난한 탓에 누나한테서 볼품없이 찌그러진 필통을 물려받아 써야했습니다. 그는 그 필통을 들고 다닐 때마다 창피하다는 생각이 들었습니다.

무현은 4학년 때 반장이 되었습니다. 그때 좀 어수룩한 아이와 함께 앉게 되었는데, 무현에게 불현듯 좋은 생각이 떠올랐습니다. 그 아이를 슬며시 꼬여서 그 애가 가지고 있는 새 필통과 자신이 갖고 있는 찌그러진 필통을 바꾸는 것이었습니다.

"네가 갖고 있는 필통보다 이 필통이 더 튼튼하고 좋아."

"정말?"

"그러엄. 어때, 내 필통이랑 바꿀래?"

"응."

헌 필통을 새 필통과 맞바꾼 무현은 날아갈듯 기뻤습니다. 하지만 그 기쁨도 잠시, 반 아이들이 이 사실을 알고 말았습니다. 그러자 아이들은 벌떼같이 달려들어 그를 비난 했습니다. 어떻게 반장이 어수룩한 짝꿍을 꼬여 그런 일을 할 수 있느냐며 따졌습니다. 그 후로 무현은 따돌림을 당했고 결국 짝꿍에게 필통을 돌려주었습니다.

또 이런 일도 있었습니다. 당시 무현이를 비롯한 여느 아이들은 보자기에 책을 싸들고 다녔습니다. 반면에 부잣집 아이들은 고무에 헝겊을 덧댄 고급 가방을 들고 다녔습니다.

하루는 무현이 당번으로 체육시간에 친구와 함께 교실을 지키게 되었습니다. 그때 고급 가방이 눈에 띄었습니다.

"어쭈, 가방 멋진데."

누가 먼저랄 것도 없이 두 사람은 가방을 뒤적여보았습니다. 그러다 심술이 나 자신도 모르게 면도칼로 가방을 쭉 찢어버리고 말았습니다.

얼마 후 체육시간이 끝났고 아이들은 하나 둘 교실로 들어왔습니다. 찢어진 가방을 발견한 아이는 담임선생님에게 일렀고 순간 교실은 발칵 뒤집혔습니다. 담임선생님은 회초리를 들고 다니면서 아이들에게 자백을 이끌어내려고 안간힘을 썼습니다. 그때 무현의 가슴은 콩닥콩닥 뛰었습니다. 하지만 무현은 끝내 말하지 않았습니다.

그 후로 무현은 이런 기억들이 떠오를 때마다 부끄러운 생각이 들었습니다. 특히 그 가방 주인에게 미안한 마음에 오랫동안 마음이 괴로웠습니다. 진짜 부끄러워해야 할 것은 가난 같은 것이 아니라 잘못된 마음이라는 것을 알았습니다.

생애 첫 연설

"선생님, 우리 애 잘 부탁드립니다."

"일부러 이렇게 찾아오시지 않아도 되는데……."

종종 부잣집 아이들의 부모님은 담임선생님을 찾아왔습니다. 부모님의 손에는 어김없이 선물이 들려 있었습니다. 형식상 인사를 드리기 위해 찾아왔다고 하지만 한 마디로 '우리 애, 잘 부탁드립니다.'라는 뜻을 내비치기 위해 온 것입니다. 부모님은 선생님과 한참동안 이야기를 나누고 돌아갔습니다. 그 후 그 부모님의 아이들은 더욱 당당하게 행동했습니다.

그러나 무현과 같은 가난한 형편의 시골 아이들은 늘 기가 죽어 있었습니다.

"육성회비 안 가져온 사람 손들어."

가난 때문에 아이들은 육성회비를 가져온 아이와 그렇지 못한 아이로 구분되었습니다. 육성회비를 제때 내지 못한 아이들은 벌을 서거나 청소를 해야 했습니다.

고학년이 되면서 차츰 잘 사는 읍내 출신 아이들과 가난한 시골 출신 아이들로 패가 나뉘어졌습니다. 읍내 출신 아이들은 시골 출신 아이들을 놀리곤 했습니다.

"나도 누구처럼 학교 공짜로 다니고 싶네."

"맞아. 세상은 정말 불공평한 것 같아. 누군 공짜고, 누군 돈 내고."

그러면서 은근히 시골 출신 아이들을 따돌렸습니다. 그렇다고 해서 무현은 읍내 출신 아이들에게 잘 보이기 위해 굽실거리지 않았습니다. 오히려 시골 출신 아이들과 어울리며 무리의 중심이 되곤 했습니다.

그러나 활달한 성격에 공부도 썩 잘 했던 무현도 가난 때문에 학교에서 위축이 될 때가 많았습니다. 그럴 때마다 '왜 우리 집은 가난할까?', '우리 집도 읍내 아이들처럼 잘 살면 얼마나 좋을까?', '어른이 되면 모두가 잘 사는 나라를 만들고 싶다.' 이런 생각이 들었습니다.

무현이 가난이라는 무게에 고통스러워할 때 힘이 되어준 사람이 있었습니다. 바로 초등학교 6학년 때 담임선생님이셨던 신종생 선생님입니다. 사범학교를 졸업하고 갓 부임한 20대 초반의 젊은 선생님이었습니다.

담임선생님은 여느 선생님과 달리 강한 열의를 가지고 학생들을 가르쳤습니다. 집이 '잘 사는 아이', '못 사는 아이'를 구분하지 않았습니다. 선생님에게는 모두가 공평하게 사랑스런 아이들이었습니다. 그동안 무현의 마음속에는 가난으로 인한 삐뚤어진 마음, 부정적인 마음이 가득 자라 있었습니다. 그런데 이 담임선생님을 만난 후로 긍정적인 마음을 가질 수 있었습니다. 그렇게 무현은 차츰 자신감을 가지게 되었습니다.

담임선생님도 그런 무현에게 특히 깊은 관심과 애정을 가지고 있었습니다. 어렵고 가난한 형편인데도 활달하고 공부를 잘하는 무현이가 특별하게 느껴졌기 때문입니다. 그래서 휴일이

나 방학 때도 학교로 불러내 모르는 문제를 가르쳐주는 등 공부를 시키곤 했습니다.

그러나 학교에 공부하러 가는 일은 그다지 기쁘지만은 않았습니다. 왜냐하면 집과 학교까지의 거리가 상당히 멀었기 때문입니다.

세상에 처음 나를 외치다

어느 날 선생님이 휴일에 학교에 공부하러 오라고 하는 말에 무현은 입술을 삐죽거렸습니다.

"집과 학교가 너무 멀어서 힘들어요."

그러자 선생님은 웃으며 말했습니다.

"무현아, 그러면 선생님이 재워줄까?"

선생님은 무현이를 자신의 자취방에 재워주고 밥도 직접 차려주곤 했습니다. 그때마다 무현은 쑥스러운 마음과 함께 가슴이 따뜻해지는 것을 느꼈습니다. 그러면서 이렇게 다짐했습니다.

'나도 꼭 선생님처럼 좋은 사람이 되어야지.'

'나도 누군가에게 도움이 되는 사람이 될 거야.'

이처럼 다정다감한 담임선생님이지만 아이들을 혼낼 때면 굉장히 무서웠습니다. 평소 좋은 사람이 화가 나면 무섭다는 말이 있습니다. 그 말처럼 선생님이 화가 났을 때 아이들은 하나같이 선생님의 눈치를 살피곤 했습니다. 하지만 무현은 6학년 동안 벌 한 번 서 본 적이 없을 만큼 선생님으로부터 사랑을 받았습니다.

훗날 무현은 매우 명석한 두뇌에 설득력 있는 달변가이자, 정치철학을 가진 대통령이 됩니다. 그렇지만 이때만 해도 무현은 남들 앞에서 잔뜩 주눅이 들어 아무 말도 못하는 소심한 소년에 지나지 않았습니다.

그런데 무현이 남 앞에서 당당하게 말할 수 있는 자신감을 가지게 되는 계기가 있었습니다. 6학년 초 어느 날, 담임선생님은 무현을 불러 이렇게 말했습니다.

"선생님은 무현이가 이번 전교회장 선거에 나갔으면 한다."

"제, 제가요?"

그 순간 무현은 그 자리에서 얼어붙었습니다.

"그래, 지금 여기 너 말고 누가 있니?"

"선생님, 저는 도저히 못하겠습니다."

무현은 4학년 반장선거 때 일이 떠올랐습니다. 사실 그때도 반장선거에 안 나가려고 울고불고 난리쳤지만 어쩔 수 없이 등 떠밀려서 하게 되었던 것입니다.

그러나 반장선거에 비하면 전교회장 선거는 규모 면에서 엄청났습니다. 특히 전교 학생들 앞에서 연설을 해야 한다고 생각하자 눈앞이 캄캄해졌습니다.

"선생님, 정말 못하겠습니다."

무현은 기어들어가는 목소리로 말했습니다.

그러자 선생님은 버럭 화를 내며 말했습니다.

"바보 같은 녀석, 남자가 그런 용기도 없어!"

선생님의 얼굴에 실망한 표정이 가득했습니다. 그러자 무현은 그동안 너무도 자상하게 대해주셨던 선생님에게 실망을 안겨드릴 수 없다는 생각이 들었습니다.

"예, 알겠습니다. 나가겠습니다."

결국 무현은 전교회장 선거에 나가게 되었습니다. 어쩔 수 없이 나갔지만 이왕 나간 거 마음을 굳게 먹었습니다. 그리고 수많은 전교 학생들 앞에서 멋진 연설을 하기 시작했습니다. 학생들 앞에 서자 자신감이 생기고 자신의 생각을 크게 외치게 되었습니다.

그러자 걱정했던 것과는 달리 학생들은 무현을 지지하며 박수갈채를 보냈습니다. 전교회장 선거에서 무현은 전체 502표 중에서 302표를 획득해 압도적인 표 차이로 당선되었습니다.

그날의 연설은 훗날 무현에게 값진 자산이 되어주었습니다. 무현은 이후 다른 사람들 앞에서 당당하게 말을 할 수 있게 되었습니다.

내 꿈은 판사가 되는 거야

"아얏!"

"물렸어? 가재한테 물렸어?"

"응. 근데 이 가재 정말 크다."

"우리 가재 싸움 시킬까?"

"좋아."

무현은 마을 아이들과 잡은 가재로 가재 싸움을 하며 놀았습니다. 그러다 배가 출출해지면 가재를 불에 구워먹었습니다.

불에 익힌 가재는 맛이 고소해서 간식거리로 최고였습니다.

입술 주위가 숯 검댕으로 새카맣게 변한 아이가 말했습니다.

"우리 헤엄치자!"

"그러면 누가 빨리 옷 벗는지 시합할까?"

"히히. 알았어."

시합에서 이기기 위해 다들 번개처럼 옷을 벗기 시작했습니다. 가장 빨리 옷을 벗은 아이가 계곡물에 첨벙하고 뛰어들었습니다. 계곡물은 지금의 냉장고 안에 넣어놓은 물과는 비교가 되지 않을 만큼 차가웠습니다. 물속에 잠깐만 들어가 있어도 온몸이 덜덜 떨릴 정도였습니다.

무현은 아이들과 가재를 잡고 계곡물 속에서 물장구를 칠 때 가장 행복했습니다. 시간 가는 줄 몰랐습니다.

잠시 후 한 아이가 말했습니다.

"이제 그만 내려가자. 오늘은 어머니가 일찍 집에 들어오라고 했거든."

"에이, 벌써?"

"조금만 더 놀자."

모두들 그만 놀고 집에 돌아가야 한다고 생각하자 아쉬운 마음이 들었습니다. 매일 보는 얼굴이었지만 한번 헤어지면 영영 못 만날 것처럼 발을 동동 굴렀습니다. 하지만 이내 무현은 아이들과 터벅터벅 산길을 내려왔습니다. 그때 한 친구가 물었습니다.

"무현아, 너는 꿈이 뭐야?"

"내 꿈?"

아이들의 시선이 무현에게로 쏠렸습니다. 무현은 잠시 생각에 잠겼다가 대답했습니다.

"나는 되고 싶은 게 너무 많아. 학교 선생님도 되고 싶고, 판사도 되고 싶어."

"뭐 판사?"

"응. 판사가 되어서 어려운 일을 당한 사람들을 도와주고 싶어."

"……"

대부분 아이들은 무현의 말을 건성으로 들었습니다. 몇몇 아이들은 어이없다는 표정을 지었습니다. 가난한 시골 출신인 무현이 판사가 된다는 것은 밤하늘에 떠 있는 별을 잡는 것만큼이나 불가능한 일로 생각되었기 때문입니다.

그러나 무현은 전혀 주눅 들지 않았습니다. 자신의 꿈을 의심하지 않고 이룰 수 있다고 믿었기 때문입니다.

'노천재' 노무현, '돌콩' 노무현

미국의 첫 흑인 대통령 버락 오바마도 어려서부터 자신의 꿈에 대해 의심하지 않았습니다. 오바마가 인도네시아 자카르타의 한 초등학교에 다닐 때 있었던 일입니다.

작문 시간에 선생님은 학생들에게 꿈에 대해 적고 발표하라고 했습니다. 선생님의 말씀에 아이들은 한 사람씩 꿈에 대해 말했습니다.

"제 꿈은 사업가가 되는 것입니다."

"저는 훌륭한 과학자가 되고 싶어요."

"멋진 선생님이 되어 학생들을 가르치고 싶습니다."

"저는 유능한 엔지니어가 되는 것이 꿈입니다."

하지만 오바마는 달랐습니다. 그는 당당하게 일어나 이렇게 말했습니다.

"제 꿈은 미국의 대통령이 되는 것입니다."

그 순간 교실 안은 침묵에 휩싸였습니다. 잠시 후 아이들은 키득키득 웃기 시작했습니다.

"흑인이면서 어떻게 미국의 대통령이 된다는 거야?"

모두들 수군거렸지만 오바마는 주눅 들지 않았습니다. 꿈은 꾸는 자의 것이고, 믿으면 반드시 이루어진다고 자신했기 때문입니다.

어린 시절의 무현은 오바마와 같이 큰 꿈을 품었습니다. 그 꿈이 훗날에 실현될 수 없지 않을까 하는 걱정은 하지 않았습니다. 가슴속에 꿈을 품고 있다는 것만으로도 너무나 행복해서였습니다.

무현 역시 어려서부터 또래 아이들과는 다른 면이 있었습니다. 무현의 별명은 '노천재' '돌콩' 이었습니다. 무현은 여섯 살 때 천자문을 완전히 통달하여 어른들을 놀라게 만들었습니다. 그렇게 어린 시절부터 머리가 비상하여 '노천재'라는 별명이 붙었습니다. 그리고 덩치가 작고 야무지다는 뜻으로 '돌콩'이라는 별명으로도 통했습니다.

'돌콩' 노무현은 학생 수가 유난히도 많았던 초등학교에서 언제나 우수한 성적을 올렸습니다. 말솜씨도 무척 좋아서 일이 생기면 마치 누에고치에서 명주실이 나오듯 척척 해결을 잘하여 어른들조차 깜짝 놀랐다고 합니다.

또 무현은 인사성이 뛰어났습니다. 어른이 보이기만 하면 하던 일을 멈추고 달려가 두 손을 모으고 허리를 굽혀 공손하게 인사를 했습니다.

이런 무현이 판사가 되겠다는 꿈을 가지게 된 것입니다. 꿈은 무현이와 함께 쉬지 않고 무럭무럭 자랐습니다.

난 승복할 수 없어요, 상을 반납하겠어요!

"선생님, 이 상은 받기 싫어요. 돌려드리겠어요."

어린 무현은 선생님에게 2등 상장을 내밀었습니다.

"뭐야?"

"승복할 수 없어요. 전 억울해요."

"찰싹!"

붓글씨 담당 선생님은 무현의 뺨을 세차게 내리쳤습니다.

"이런 건방진 놈!"

어린 시절, 무현의 성격은 대찼습니다.

초등학교 6학년 때 일이었습니다. 학교에서 붓글씨 대회가 열렸습니다. 가끔 외부 대회에 대표로 나가기도 했던 무현은 스스로 학교에서 자신이 붓글씨를 제일 잘 쓴다고 자부하고 있었습니다.

대회가 시작되었습니다. 붓글씨 담당 선생님은 화선지를 한 장씩 나눠주며 주의사항을 말씀하셨습니다.

"한 장씩밖에 없다. 잘못 써도 바꿔 주지 않으니 잘 쓰도록 해라."

글씨를 써내려가던 무현은 왠지 부족하고 잘못 쓴 것 같다는 생각이 들었습니다. 그러나 바꿔주지 않겠다던 선생님의 주의사항을 믿고, 마음에 차지 않았지만 그냥 제출했습니다.

그런데 무현을 화나게 하는 일이 일어나고 말았습니다. 같이 대회에 나간 학생 중에 아버지가 같은 학교 선생님인 아이가 있었습니다. 옆 반의 선생님이었는데 시험장에 와서 자기 아들의 글씨를 보고서는 잘못 썼다며 종이를 바꿔주는 것이었습니다. 무현은 너무나도 억울했습니다.

그리고 심사 결과가 나왔을 때 도저히 참을 수 없는 일이 일

어났습니다. 아버지가 선생님이었던 아이가 1등을 하고 무현이 2등을 한 것입니다. 무현은 더 이상은 참기 힘들었습니다. 그래서 승복할 수 없다며 붓글씨 담당 선생님에게 2등 상을 돌려주어버렸습니다.

여러분이라면 이런 상황에서 어떻게 했을까요? 아마 마음속으로만 속상해하는 친구들이 많을 것입니다. 왜 똑같은 기회를 주지 않았느냐고 항의하며 선생님에게 상을 돌려주는 일은 웬만해서는 할 수 없는 일이었습니다. 기껏해야 초등학교 6학년인 어린아이가 말이지요.

나중에 어른이 되어서 무현은 그 때의 일을 부끄럽게 생각하며 이렇게 회상했습니다.

"그때 내가 글씨를 못 썼던 것은 사실이었다. 지금도 그때의 일을 생각하며 내가 너무 잘난 척하는 건 아닌지, 내 중심으로만 생각하는 것은 아닌지 모든 일에 겸손한 마음을 가지려고 노력했다."

사실 2등 상도 훌륭한 것이고 자랑스러워할 만한 것인데 겸손하지 못했다고 반성한 것입니다. 하지만 그때 어린 무현이 억울해했던 것은 누구에게나 똑같은 기회를 주지 않았다는 것이었고 그래서 화가 나고 승복할 수 없었던 것입니다. 그리고 부당함에 대한 행동을 즉각 옮긴 것입니다.

옳다고 생각해서 한 일이면 당당히 버텨라

무현의 집은 가난하여 중학교에도 갈 수 없는 처지였습니다. 그 사실을 안 친구 하나가 돈이 없이 입학하는 비결을 알려주었습니다. 그 비결이란 입학할 때 우선 책값만 주고 입학금은 봄에 농사를 지어서 7월까지 갚으면 된다는 것이었습니다. 그렇게 입학한 사람이 있다는 소리를 듣고 무현과 어머니는 중학교 교감선생님을 찾아갔습니다.

"우선 책값만 내고 여름 복숭아 농사를 지어서 입학금을 낼 테니 입학을 시켜주세요."

교감선생님은 안 된다고 말했습니다. 어머니는 매달려 사정을 했지만 소용이 없었습니다. 교감선생님은 이렇게 잘라 말했습니다.

"공부할 필요 없으니 농사나 배워라."

"그럼 교감선생님 아들은 왜 공부시킵니까?"

이렇게 따져도 봤지만 교감선생님은 끄떡도 하지 않았습니다. 오히려 실업자인 큰형님의 얘기까지 꺼냈습니다.

"큰아들 대학까지 나와서 백수건달 아닙니까? 그러니 공부시켜서 뭐합니까?"

어머니는 펑펑 울며 서러워했지만 막내아들 무현을 입학시키고 싶은 마음에 차마 대들지 못하고 계속 울며 사정했습니다.

이때 옆에서 지켜보고 있던 무현이 입학원서를 북북 찢어버렸습니다.

"어머니. 집에 가요. 나 이 학교 안 다녀도 좋아요!"

무현은 밖으로 뛰쳐나갔습니다. 교감선생님은 무현의 뒤에 대고 말했습니다.

"저 봐라. 저런 녀석 공부시켜봐야 깡패밖에 안 되지!"

하지만 그러고도 어머니는 한참을 사정했습니다. 무현은 다시 들어가 어머니를 끌고 나오며 외쳤습니다.

"이 학교 아니면 학교가 없나!"

무현은 교감선생님 앞에서 울며 매달리는 어머니를 차마 볼 수가 없었습니다. 아들 학교 보내겠다고 자신 때문에 수모를 당하는 어머니에게 미안한 마음이 들었을 것입니다. 그러나 무현은 그 중학교에 입학할 수 있었습니다. 이 사실을 안 큰형님이 교감선생님을 찾아가 당당하게 따져서 입학 허가를 받아낸 것입니다.

그의 중학교 시절, 이런 일이 있었습니다.

1학년 2학기가 끝나가던 어느 날, 선생님은 '우리 이승만 대통령'이라는 제목으로 작문을 하라고 지시했습니다. 이승만 대통령 탄신일을 기념하는 행사인데 글을 잘 지으면 큰 상도 준다는 것이었습니다.

그러나 무현은 그것이 정당하지 못한 일이라고 생각했습니다. 이승만 대통령은 옛날에는 독립운동을 한 분이었으나 그 당시에는 독재를 하고 있다는 이야기들을 어른들로부터 귀동냥으로 들었기 때문이었습니다.

무현은 친구들에게 백지동맹을 하자고 선동했습니다. 아무것도 쓰지 말고 백지를 내자고 한 것입니다. 결국 무현은 교무실에 불려가 벌을 서게 되었습니다. 그러다 벌을 세운 지도부 선생님이 한 눈을 판 틈을 타 말도 없이 집으로 도망을 갔습니다.

그런데 집에 와서 큰형님에게 자초지종을 얘기하자 형이 크게 나무랐습니다.

"네가 옳다고 생각해서 한 일이면 끝까지 당당하게 버틸 일이지 왜 살그머니 도망을 왔느냐? 내일 학교 가서 당당하게 따져라."

　큰형님은 퇴학을 맞으면 더 좋은 학교로 보내주겠다는 격려도 잊지 않았습니다. 집안 형편상 얼토당토 않는 말이었지만 그 일은 어린 무현에게 옳은 일에 당당해질 수 있는 배짱을 심어주었습니다. 어른이 되어서도 두둑했던 그의 배짱은 어려서부터 길러진 것이었습니다.

노란쪽지

"농부는 밭을 탓하지 않아요"
― 환경을 탓하지 않고 극복하는 사람

농부는 밭을 탓하지 않는다는 말은 노무현 후보가 부산 국회의원 선거에서 떨어졌을 때 한 말입니다. 그 누구도 도전하기 힘들었던 지역에서 떨어지고 이런 저런 핑계를 댈 수도 있었지만 노무현 후보는 주위 환경을 탓하지 않았습니다. 자신이 부족했기 때문이라 생각하고 용기를 잃지 않았습니다.

공부가 잘되지 않거나 성적이 오르지 않으면 핑계를 대는 학생들이 많습니다.

"부모님이 바쁘셔서 나한테 신경을 써주지 않아."

"시험 문제가 너무 어려웠어."

"우리 집은 가난해서 난 공부를 잘 할 수가 없어."

갖가지 핑계를 대며 자기가 잘하지 못한 것을 다른 사람의 탓으로 돌리려 합니다.

그러나 이런 행동은 오히려 자신의 능력을 무시하는 것과 다르지 않습니다.

농부는 한해 농사를 망쳤다고 해서 밭이 좋지 않아서라고 핑계대지 않습니다.

씨뿌리기 전에 돌은 잘 골라냈는가, 거름은 제때 잘 뿌렸는가, 잡초는 잘 뽑아 주었는가를 생각해 봅니다.

농사를 망쳤다고 해서 밭을 원망하거나 다음 농사를 포기하지 않는다는 것입니다. 또 다시 씨앗을 심고 물을 줍니다. 거름을 뿌리고 잡초를 뽑아줍니다.

그리고 열매가 맺기를 기다립니다. 이것이 농부의 마음입니다.

농부의 마음으로 도전할 수 있어야 합니다, 포기하지 않으면 불가능은 없습니다.

낙방할 때마다 실망과 좌절의 고통을 견뎌내야 했습니다.
그럼에도 희망을 버리지 않았습니다.
깨끗이 잊고 다음번을 위해 다시 공부를 시작했습니다.
그 힘은 어디에서 나온 것일까요? 그것은 목표가 뚜렷했기 때문이었습니다.
공부해야 하는 동기를 어려서부터 깨달았고 한 순간도 꿈과 목표에 대해
잊지 않았던 덕분이었습니다.

2장

과정도 하나의 직업입니다

그래, 고시 공부를 하겠어

무현이 항상 문제를 일으키는 학생은 아니었습니다. 중학교 2학년 때는 부일 장학생 시험에 합격하여 학교에 큰 경사를 안겨주기도 했습니다.

"이런 시골 학교에서 장학금을 받다니. 대단한 일이야."

"아무렴. 매우 드문 일이지. 이건 학교의 경사야."

그도 그럴 것이 부일 장학회는 우리나라 최초의 장학재단인 데다 가장 큰 규모였기 때문입니다.

그러나 중학교 3학년이 되면서 또 걱정이 시작되었습니다. 역시 가정 형편 때문에 고등학교에 가기가 힘들었던 것입니다. 무현은 고등학교 진학을 포기하고 공무원이 되기 위해 혼자 공부를 시작했습니다. 그러나 이 사실을 알게 된 큰형님은 기어이 부산상고 시험을 치르게 했습니다.

"부산상고는 공립학교라서 동창회 장학금을 받을 수 있어. 그러니 고등학교 진학을 포기하겠다는 생각은 하지 마라."

상고에 간 무현은 졸업 후 은행에 취직할 수 있다는 꿈도 가질 수 있어 좋았습니다. 학교 입학 후 무현은 열심히 공부를 했습니다. 그러더니 언제인가부터 차츰 친구들과 어울려 술을 마시고 담배를 피우기 시작했습니다. 성적은 점점 떨어지고 그야말로 방황의 시간들이 흘러갔습니다.

그러나 3학년이 되면서 무현의 생각이 달라졌습니다. 방학 중에 집에 내려가도 메밀죽으로 저녁을 때우기 일쑤인 집안 사정을 보고, 부모님에 대해 다시 생각하게 된 것입니다.

"이제 아버지, 어머니 모두 환갑을 넘기신 나이야. 게다가 고구마순을 팔아 겨우 생계를 유지하고 있어. 내가 이렇게 한가롭게 방황만 하고 있을 때가 아니다."

부모님은 힘든 노동으로 생계를 이어 나가고 있었습니다. 무현은 이런 부모님의 모습을 보면서 고등학교를 졸업하고 자기가 부모님을 모셔야겠다고 다짐하게 되었습니다.

졸업 때가 다가오자 무현은 '삼해공업'이라는 어망회사에 실습생으로 취직이 되었습니다. 첫 월급으로 받았던 돈은 고작 2,700원이었는데 그 돈으로는 한 달 하숙비도 해결할 수 없었습니다. 돈을 벌어 부모님을 모시겠다던 바람을 이루기에는 어림도 없는 액수였습니다. 결국 무현은 직장을 그만두었습니다.

무현이 고시공부를 하겠다고 결심한 것이 이때였습니다. 사장은 그만두겠다는 무현과 친구들을 말렸습니다.

"4천원으로 올려줄 테니 계속 일을 하게나."

그래도 무현은 결코 뜻을 굽히지 않았습니다. 당장 고시용 헌책을 사들고 고향집으로 내려갔습니다. 그리고 작은 형님과 함께 직접 토담집을 지었습니다. 산에서 구들도 떠 나르고 돌도 주워왔습니다. 밤에는 남의 산에 가서 소나무를 베어 서까래를 올리고 볏짚도 얻어다 지붕을 올렸습니다. 어느 사이 작지만 근사한 집이 만들어졌습니다. 무현은 이 집에 '마옥당'이라는 이름을 붙였습니다. '마옥당'은 '옥을 가는 집'이라는 뜻

으로, 학문을 갈고 닦겠다는 의지를 담은 이름이었습니다. 그리고 그곳에서 고시공부를 시작하기로 했습니다.

하지만 막상 공부를 시작하려 하자 어려운 일이 한두 가지가 아니었습니다. 힘든 가정 형편을 뻔히 알고 있는 판에 공부가 머릿속에 제대로 들어올 리가 없었습니다. 또 어머니의 실망스러워하는 모습을 보는 것도 여간 힘들지가 않았습니다. 동네 사람들에게 아들이 은행에 취직할 거라며 은근히 자랑까지 했던 어머니였기 때문입니다.

그러나 무엇보다도 무현을 힘들게 했던 것은 어려운 처지의 부모님을 돕기 위해 돈을 벌지 않고 공부를 한다는 이유로 빈둥거리며 놀고 있는 자신의 모습이었습니다. 무현은 고민 끝에 친구를 따라 다시 노동판으로 떠났습니다.

막노동에서 깨달음을 얻다

무현이 고시공부를 시작하던 그 당시엔 대학 2학년 이상의 과정을 수료해야만 고시를 치를 수 있었습니다. 무현처럼 고등학교만 나온 사람은 '사법 및 행정 요원 예비시험'을 거쳐야 고시에 응시할 수 있었습니다.

그러나 무현은 예비시험을 포기하고 울산에 있는 공사 현장에서 일했습니다. 일당은 형편없었으며 콘크리트 바닥에 가마니를 깔고 잠을 자야 했습니다. 그나마 일자리가 매일 있는 것

도 아니어서 하루 일하고 이틀은 놀아야 했습니다.

게다가 다치는 사고를 겪기도 했습니다. 공사장에서 일을 하다가 못에 발을 찔린 것입니다. 아픈 발을 끌고 집으로 돌아온 무현은 작은 형님과 돈 벌 궁리를 했습니다.

"산에다 감나무 과수원을 만드는 것은 어떨까?"

"좋아. 그런데 묘목은 어디에서 구하지?"

궁리 끝에 두 사람은 농업 시험장에 몰래 들어가 묘목을 가져왔습니다. 그때 무현은 묘목을 싸온 신문지에서 예비시험이 있다는 공고문을 보게 되었습니다.

'안되겠다. 다시 공부를 시작해야겠어.'

무현은 그렇게 예비시험을 치렀습니다. 그리고는 다음날 다시 울산으로 향했습니다.

하루씩 받는 임금도 오르고 일자리도 많아져 형편도 조금씩 나아질 무렵이었습니다. 무현은 또 다시 사고를 당하고 말았습니다. 작업 도중 큰 나무에 얼굴을 맞아 입술이 찢어지고 이가 부러져 수술까지 받아야했습니다. 절망적인 상황이었습니다.

그런데 입술을 꿰매고 겨우 정신을 차렸을 때 친구가 신문을 보여주었습니다.

"봐라. 여기 너의 이름이 있다!"

"어디? 정말이야?"

무현은 예비시험 합격자 명단에 올라 있는 자신의 이름을 발견했습니다. 가슴속으로 뜨거운 눈물이 흘렀습니다. 막노동판에서 몸마저 상하고 바닥까지 떨어진 상태에서 보는 합격자 명단은 한 줄기 구원의 빛 같았습니다.

"막노동 중에 몸을 다쳐 거지 같은 꼴을 하고 병원에 누워 있던 내 신세. 얼마나 감격스러웠는지 그 누구도 당시의 내 심정을 알 수 없었을 것이다."

훗날 그때의 심정을 그는 이렇게 표현했습니다.

그는 막노동에서 인생을 배웠습니다. 환경에 따라서 사람이 얼마나 파렴치해지고 거칠어질 수 있는가를 깨달았습니다. 걸핏하면 시비를 걸고, 모였다 하면 화투를 치고, 입만 열었다 하면 욕설이 오가는 공사판의 일들을 겪으면서 환경이 얼마나 중요한지를 생각하게 된 것입니다.

무현이 사법시험에 합격하고 인권변호사가 되는 과정을 거치면서 이때 가졌던 생각들이 많은 도움이 되었습니다.

"사회가 외면한 버려진 사람들에게 자신들의 존재와 역할에

대한 뚜렷한 의식과 자부심을 심어주어야 해. 우리 모두의 관심과 배려가 그들을 사회 구성원의 한 사람으로 참여시킬 수 있어."

대통령에 당선되었을 때, 노무현 대통령은 자신이 이끌어가는 정부를 '참여 정부'라고 불렀습니다. 공사판에서 느끼고 깨달았던 것들을 실천하여 '사람 사는 세상'을 만들겠다고 다짐했던 것입니다.

든든한 버팀목 큰형님

무현에게는 위로 형님이 두 분 있었습니다. 특히 큰형님은 어린 시절 무현의 자랑거리이자 든든한 버팀목이 되어주었습니다. 큰형님은 근처 마을을 통틀어 유일하게 대학을 나온 사람이었습니다.

친구들은 모두 무현을 부러워했습니다.

"너는 좋겠다. 대학생 형님이 있어서……."

"나도 그렇게 잘난 형님이 있었으면 좋겠다."

큰형님은 무현이 힘들 때면 어김없이 해결사 역할을 해주었습니다.

가난한 집안 사정에도 중학교에 가고 싶어 했던 무현이 어머니와 함께 교감선생님을 찾아가 통사정을 했지만 끝내 거절당하고 돌아왔을 때도 큰형님이 나서서 도와주었습니다. 그때 형님은 교감선생님을 찾아가 따졌습니다.

"공부해야 깡패밖에 안 된다고 하셨다는데 말씀이 너무 지나치지 않습니까? 교육계에 계신 분이 어떻게 그런 말씀을 하실 수가 있습니까?"

논리정연하고 당당한 큰형님 앞에서 교감선생님은 잘못을 인정하고 무현이 입학할 수 있도록 해주었습니다.

또 '우리 이승만 대통령'에 대한 글짓기 시간에 무현이 친구들에게 아무런 글도 쓰지 말고 백지를 내자고 선동하여 벌을 선 적이 있었습니다. 벌을 서다 말고 집으로 도망쳤을 때 형님은 무현에게 옳다고 생각해서 한 일이면 당당하게 버티라는 말로 나무라기도 했습니다.

그 일로 무현은 다음날 반성문을 써야했습니다. 잘못했다는 말은 한 마디도 쓰지 않은 무현을 보고 주임선생님이 말했습니다.

"이놈, 우월감이 대단히 강한 녀석이군. 너 이승만 대통령이 어떤 분인지 알고나 있는 거냐?"

"알고 있습니다."

무현은 자신 있게 대답했습니다.

"어떤 분인데?"

"독재를 하고 있는 분입니다."

어린 학생의 입에서 그런 말이 나오자 분위기가 험악해졌습니다. 선생님은 눈을 부릅떴습니다.

"너 고약한 놈이로구나. 조그만 놈이 뭘 안다고! 누가 그렇게 가르쳐주더냐?"

그 당시는 지금과 달라서 그런 말을 함부로 해서는 안 되는 시대였기에 선생님이 놀라는 것도 당연한 일이었습니다.

"형님이 하시는 말씀을 들었습니다."

무현은 얼른 큰형님을 끌어들였습니다. 주임선생님은 무현의 형님 성격을 잘 알고 있었기 때문에 더 이상 나무라지 않고 무현을 부드럽게 달랬습니다.

"네가 그런 말을 한다고 세상이 달라지지 않아. 너의 장래를

봐서 용서해줄 테니 잘못했다고 반성문을 다시 쓰도록 해라."

그러나 무현은 끝까지 버텼습니다. 결국 선생님이 두 손을 들고 말았습니다.

어려운 가정 사정을 들어 고등학교 진학을 포기하려는 무현을 설득하여 부산상고 시험을 치르게 했던 사람도 큰형님이었습니다. 아마 형님이 없었다면 장학생으로 고등학교에 진학하는 기회를 얻지 못했을 것입니다.

큰형님의 영향을 받은 탓에 무현은 자존심이 무척 강했고 우월감 역시 대단했습니다.

형님의 꿈, 그리고 나의 꿈

큰형님은 부산대학교 법대를 졸업하고 고시공부를 하였으나 가난 때문에 시험을 치러보지도 못하고 그 꿈을 포기해야했습니다.

마을 뒤에 있는 봉화사라는 절에서는 가끔 큰형님과 고시공부를 하는 형님의 친구들이 모였습니다. 그들은 법이나 나라의 상황에 대해 열띤 토론을 벌이곤 했습니다. 하는 얘기들이 너무 어려워 잘 이해할 수는 없었으나 그들의 엄숙하고 진지한 표정에서 패기와 이상을 느꼈습니다. 그런 모습을 보면서 무현도 형님들처럼 멋진 사나이가 되어야겠다고 다짐했습니다.

'아, 고시 공부하는 형님들은 이런 멋있는 이야기들을 하는구나.'

'이것은 고시 공부하는 사람들의 특권인지도 몰라.'

어린 무현은 이때부터 고시를 해보겠다는 꿈을 갖게 되었습니다.

그러나 큰 꿈을 꾸게 해준 큰형님은 무현에게 커다란 좌절의 모습도 보여주었습니다. 훗날 큰형님은 공무원 시험에 합격했지만 그 전에는 고시공부를 포기하고 오랫동안 실업자로 지냈기 때문입니다. 큰형님은 자신의 울적한 심정을 종종 무현에게 털어놓기도 했습니다.

고등학교 시절, 무현은 마음속으로 큰형님을 많이 원망했습니다. 산기슭을 개간해 고구마를 심고 그것도 모자라 취로사업에까지 나가 힘들게 일하는 부모님을 보기가 딱해서였습니다.

"내가 부모님을 모셔야겠다. 그러기 위해선 농협에 들어가야 해."

부모님을 직접 모시려면 고향에서 다닐 수 있는 직장에 취직을 해야 하는데 그게 바로 농협이었습니다.

그러나 2학년이 지나면서 공부를 게을리 해온 탓에 농협 시험에 떨어지고 말았습니다. 더구나 도별로 한 명씩밖에 선발하지 않아 역부족일 수밖에 없었습니다.

큰형님의 영향으로 고시공부를 하겠다던 꿈은 이후 무현의 머릿속을 떠나지 않았습니다. 농협에 취직시험을 치른 후 발표도 나기 전에 무현은 「고시계」라는 책을 샀을 정도였습니다. 그 책은 고시를 보려는 사람들이 사보는 책이었습니다.

농협 시험에서 떨어진 무현은 학교에서 알선해준 어망회사에 들어갔습니다. 부모님을 모시겠다던 바람이 무너진 것입니다. 하지만 무현은 어망회사도 그만두고 고향에 내려왔습니다. 그때도 무현의 손에는 책이 들려 있었고, 힘든 노동판에서도 무현은 책을 놓지 않았습니다.

동생을 끔찍이 아껴주시고, 자신이 못다 한 꿈을 무현에게 걸며 인생의 목표를 심어주시던 큰형님은 무현이 고시에 합격하는 영광을 지켜보지 못했습니다. 안타깝게도 큰형님은 어느 날 갑자기, 교통사고로 세상을 떠나고 말았기 때문입니다.

무현의 슬픔은 이루 말할 수 없었습니다 세상이 무너진 것만 같았습니다. 한 줌의 재로 변한 형님의 유해를 고향에 묻은 후 무현은 공부를 할 수 없었습니다. 무심코 책장만 넘기고 있을 뿐 한글자도 눈에 들어오지 않았습니다.

"꼭 고시공부를 해야 하나. 출세를 하면 뭐 하나?"

큰형님의 죽음은 무현을 무력하게 하고, 밑도 끝도 없는 생각들을 하게 만들었습니다.

그러나 결론은 하나였습니다. 어떤 일이 있어도 고시에 합격하자! 고시 합격에 대한 열망은 형님의 꿈이며 무현의 꿈이 되었습니다.

아내와 아들까지 딸린 고시생

무현은 같은 고향 마을에서 자란 양숙을 사랑했습니다. 사랑을 키워나간 두 사람은 결혼을 하기로 마음먹었지만 양쪽 집안에서 반대가 심했습니다.

양숙의 어머니는 고시공부를 한답시고 책만 들고 다니는 무현을 한심하게 생각했습니다.

"상고밖에 안 나온 시골뜨기가 어떻게 고시에 합격하노?"

고시공부를 한다는 사람은 많았지만 합격했다는 사람은 적었고, 서울법대를 졸업하고도 떨어지는 사람이 허다했으니 틀린 말은 아니었습니다.

열심히 공부만 하는 사람으로 보이지도 않았습니다.

"처자식 굶기기 딱 좋은 남자다."

그러니 결혼 허락은 어림없는 일이었습니다.

반대는 무현의 집에서도 마찬가지였습니다. 무현의 재주가 비상하다고 믿는 가족들은 무현이 고시에 합격할 거라고 철썩같이 믿고 있었습니다.

"우리 무현인 꼭 합격할 거고, 그러면 학벌도 좋고 집안도 좋은 부잣집 딸과 혼인할 거야."

가족들은 고등학교밖에 졸업하지 못했고 부유하지도 않은 양숙을 맘에 들어 하지 않았습니다.

그러나 둘은 끝까지 결혼을 하겠다고 우겼습니다. 결국 본래 천성이 착하셨던 양가 어른들은 두 사람에게 손을 들고 말았습니다.

결혼을 하고 아들이 태어났지만 무현은 고시공부를 계속했습니다. 절에서 때로는 마옥당에서 쉬지 않고 공부했습니다.

그러나 큰형님이 죽고 나서 무현의 병이 심해졌습니다. 가슴

이 답답하고 목구멍에 무엇이 치밀어 올라 우유와 계란 외에는 아무 것도 먹지 못했습니다. 이겨내며 책을 보려고 했지만 몸에서 식은땀이 쉬지 않고 흘렀습니다. 공부를 그만둘까도 생각했습니다.

휴식이 필요했습니다. 숙소를 마옥당에서 집으로 철수했습니다. 직장에 출퇴근하는 기분으로 낮에는 마옥당에서 공부하고 밤에는 집으로 돌아왔습니다. 무현은 아이가 울면 달래기도 하고, 기저귀도 갈아주며 밤이 늦도록 아내와 이야기를 나누는 시간을 가졌습니다.

아내는 남편이 힘들어할수록 더욱 열심히 뒷바라지 했습니다. 마옥당까지 매일 점심을 날라다 주었습니다. 이후 무현은 점점 건강이 좋아졌고 공부도 순조로워졌습니다.

결혼은 오히려 무현에게 안정을 가져다주어 공부에 매진할 수 있는 힘이 되었습니다. 아내의 세심한 배려와 개구쟁이 아들의 재롱은 공부에서 오는 초조, 불안, 긴장과 피로를 깨끗이 씻어주었습니다. 무현은 침체기를 겪지 않고 공백 기간 없이 공부를 할 수 있었습니다.

소명의식을 갖다

"두고 보라지……."

처음 무현은 책상 앞에 '수석 합격'이라는 표어를 붙여놓고 공부를 했습니다. 고시 아니면 끝이라는 극단적인 생각으로, 고시 합격을 출세의 수단으로 생각했던 것입니다.

그러나 큰형님의 죽음 이후 삶의 의미를 보다 깊이 생각하게 되었습니다. 수석 합격이라는 표어 대신 '천직=소명'이라는 의식을 갖고 공부에 임했습니다.

무현은 열심히 공부했습니다. 전처럼 조급해하지 않았습니다. 여러 차례 낙방하는 아픔을 맛보아야 했지만 공부하는 과정도 하나의 직업이라는 생각을 갖고, 직장인이 성실하게 일을 하는 마음으로 공부했습니다. 급하게 열을 올리거나 무리를 하지 않았습니다.

그러나 결코 남보다 노력을 덜하지는 않았습니다. 하루 10시간 넘게 공부했고 한 번 책상 앞에 앉으면 무섭게 집중했습니다. 머릿속이 혼란스럽고 잡념이 생길 때 오히려 책을 보면 머리가 맑아지고 안정이 되었습니다. 또한 책을 덮으면 고시는 깨끗이 잊어버렸습니다.

무현은 장기간에 걸쳐 고시공부를 했습니다. 그리고 낙방할 때마다 실망과 좌절의 고통을 견뎌내야 했습니다. 그럼에도 희망을 버리지 않았습니다. 깨끗이 잊고 다음번을 위해 다시 공부를 시작했습니다. 그 힘은 어디에서 나온 것일까요?

그것은 목표가 뚜렷했기 때문이었습니다. 공부해야 하는 동기를 어려서부터 깨달았고 한 순간도 꿈과 목표에 대해 잊지 않았던 덕분이었습니다.

동기는 공부를 하게 만드는 힘입니다. 확실한 목표를 갖는 것이 바로 공부를 열심히 하게 만드는 동기가 됩니다. 동기만 찾는다면 누가 시키지 않아도 스스로 알아서 공부를 할 수 있습니다.

공부의 동기를 찾게 해주는 스무고개

이런 아이가 있었습니다. 그 아이는 초등학교 6학년이었는데 뱀이나 이구아나, 악어 같은 파충류를 유난히 좋아했습니다. 그 아이의 방에는 온통 파충류로 우글거렸고 아이는 뱀과 함께 침대에서 잠을 잤습니다. 심지어 학교에 가지고 다니는 가방까지 파충류 모형이 가득했습니다.

부모는 도저히 안 되겠다는 생각이 들었습니다. 이대로 방치했다가는 아이의 인생을 망치겠다는 생각이 들었던 것입니다.

그래서 한 전문가를 찾아갔습니다. 그 분은 건국대 부총장을 지낸 류태영 청소년미래재단 이사장이었습니다.

류 이사장은 대뜸 아이에게 밑도 끝도 없는 질문을 던졌습니다.

"너, 나중에 결혼은 할 거지?"

아이는 당연하다는 듯이 '그럼요' 하고 대답했습니다.

류 이사장은 고개를 갸웃하더니 말했습니다.

"글쎄~ 지금처럼 하루 종일 방 안에만 처박혀있는데다 징그러운 것들이 집 안에 가득한데 누가 너한테 시집을 올까? 내가 여자라면 절대 너에게 시집을 안 갈 거야."

그러자 아이는 머리를 긁적이며 말했습니다.

"음~ 선생님처럼 교수가 되면 괜찮지 않을까요?"

"교수가 되면 괜찮을 거라고? 왜?"

"좀 징그럽긴 해도 폼도 나고 멋있잖아요. 여자들에게 인기가 많을 것 같아요."

"그래? 교수가 되면 누군가 시집을 온다 이거지? 그러면 교수가 되려면 어떻게 해야 할까?"

아이는 자신 있게 대답했습니다.

"좋은 대학이랑 대학원을 나와야 하겠죠."

류 이사장이 다시 물었습니다.

"그래, 그렇구나. 그러려면 좋은 대학과 대학원을 다녀야할텐데, 그렇게 하려면 어떻게 해야 할까?"

"당연히 좋은 고등학교를 졸업해야죠."

"그래? 그러면 좋은 고등학교를 졸업하려면 어떻게 해야 할까?"

"좋은 고등학교에 입학해야죠!"

당연한 질문이 이어지자 아이는 자신감이 붙었고 질문은 계속 되었습니다.

"그렇구나. 어떻게 하면 좋은 고등학교에 입학할 수 있을까?"

"중학교 때 공부를 잘해야죠."

"맞아. 그런데 중학교 때 공부를 잘하려면 어떻게 해야 할까?"

아이는 잠시 생각에 잠겼습니다. 그 이후 아이의 모습은 완전히 달라졌습니다. 자기가 원하는 일을 하고, 원하는 사람이 되기 위해서는 어려서부터 공부를 잘해야 한다는 사실을 깨달았기 때문입니다. 공부의 동기란 바로 이런 것입니다.

무현이 공부를 즐기면서 할 수 있었던 것은 목표가 확실했고 동기를 찾았기 때문에 가능했습니다. 그래서 꿈을 가지는 것이 중요합니다.

마침내 사법고시에 합격하다

    1975년 3월의 어느 날 노무현은 아내 권양숙과 다투고 토라져 있었습니다. 그때 한 친구가 숨이 넘어갈듯이 달려왔습니다. 친구는 헐떡거리며 말했습니다.

  "무현아, 네가 됐어!"

  "뭐가?"

  "네가 사법고시에 합격했다고!"

  "정말?"

무현은 너무나 기뻤습니다. 마음 한편으로는 합격했다는 사실이 믿어지지 않았습니다. 친구는 그에게 몇 번이나 합격자 명단을 확인했다고 말해주었습니다.

"어머니, 아버지, 저 사법고시에 합격했습니다."

무현은 큰형님이 생각났습니다.

"형님! 지하에서도 신문을 보고 계십니까? 제가 합격한 것 보이십니까? 아버지 어머니도 형님 생각에 자꾸만 우십니다."

자신도 모르게 두 눈에서 눈물이 하염없이 흘러내렸습니다. 그런 남편의 모습을 보며 아내 양숙은 그의 무릎에 얼굴을 파묻고 펑펑 울었습니다.

무현의 기쁨과 감격은 말로 표현할 수 없었습니다. 그도 그럴 것이, 고향마을에 마옥당이라는 토담집을 짓고 고시 공부에 매달린 끝에 장장 9년 만에 사법고시에 합격했던 것입니다. 그가 사법고시를 준비하는 과정은 너무나도 외롭고 고통스러웠습니다. 명문법대를 나와도 합격하기가 힘든 것이 사법고시였습니다. 상고 출신인 자신이 사법고시를 보겠다고 했을 때 주위 사람들의 반응은 냉랭하기만 했습니다.

그러나 이제 그동안 마음을 짓누르고 있던 짐을 벗어버릴 수

있었습니다. 또한 주위 사람들이 모두 고맙게
여겨졌습니다.

　'내가 마침내 사법고시에 합격했어.'

　노무현은 얼마나 기뻤던지 버스를 탔을 때 옆자리
에 앉아 있는 사람에게 자랑하고 싶을 정도였습니다.
길을 걸을 때도 마치 하늘에 붕 떠 있는 것 같았습니다.
들뜬 마음은 오랫동안 지속되었습니다.

　많은 사람들이 그에게 고등학교만 졸업하고도 어떻게 그
힘든 사법고시에 붙을 수 있었는지 물었습니다. '어떤 식으로
공부를 했느냐'고 묻는 젊은이들도 많았습니다.

그럴 때마다 자신의 꿈과 의지와 희망을 잃지 않았던 날들을 되새겼습니다.

그는 인생을 뒤돌아볼 때 사법고시에 합격했던 순간만큼 성취감을 느껴본 적이 드물었다고 말했습니다.

노무현의 공부 방법

● 1. 끈기를 가지고 꿈에 도전하다

 노무현은 고시공부를 시작하여 9년만에 합격했습니다. 법대를 졸업하지 않고 독학으로 공부를 한다는 것은 웬만한 끈기가 없고서는 불가능한 일이었습니다. 사법고시에 합격하겠다는 꿈을 가진 뒤로 그 꿈을 잊지 않고 공부했습니다.
 세상의 모든 일은 꿈에서 시작되었습니다. 꿈꾸지 않는 일은 이루어지지 않습니다. 꿈은 인간을 움직이게 하는 힘입니다. 꿈은 결실의 첫 단추입니다.
 "난 세계 최고의 과학자가 될 거야!"
 "난 가장 많이 여행을 하는 탐험가가 되겠어!"
 세계에서 가장 뛰어난 사람이 되겠다고 하면 주위 사람들이 한마디씩 할지도 모릅니다.
 "공부도 못하면서 어떻게 세계 최고가 되지?"
 "일찌감치 꿈 깨라."
 그러나 이런 말에 위축되어서는 안 됩니다. 그것은 자신을 과소평가하는 태도입니다. 큰 꿈을 가져야 합니다. 큰 꿈은 큰 열정을 가져다줍니다.

아주 작은 노력으로 이룰 수 있는 것은 여러분을 크게 변화시키지 못합니다.

꼬마 노무현처럼 큰 꿈을 꾸고 청년 노무현처럼 끈기를 가져야 합니다. 노무현처럼 자신에게는 무한한 능력이 있고 재능도 있으며 꿈을 실현해 나갈 용기가 있다고 믿어야 합니다.

● 2. 지나친 집착은 버려라

1등이 아니면 안 된다는 생각으로 공부하는 친구들이 많습니다. 그래서 결과가 좋지 않으면 금세 우울해하고 의욕을 잃어버리기도 합니다. 꼭 1등을 해야 하고, 100점을 맞아야 한다고 생각하는 것은 위험한 생각입니다. 원하는 등수나 성적이 나오지 않으면 이런 생각을 하기 때문입니다.

"난 해보나 마나야."

"내가 무엇을 할 수 있겠어? 난 안 돼."

자포자기식 생각은 앞길을 막는 큰 장애물이 될 것입니다. 그리고 핑계를 댈 것입니다.

"친구가 자꾸 같이 놀자고 해서……."

"우리 집은 가난해서……."

이런 식으로 공부를 잘하지 못하는 것을 자기 탓이 아닌 다른 사람이나 환경 탓으로 돌리려 합니다. 너무 과한 목표를 세워 빠른 시간에 좋은 결과가 나오기를 바라는 것은 욕심에 불과합니다. 한 단계 한 단계 성적을 높여가야 합니다.

노무현은 처음 고시에 합격하지 못하면 인생 끝이라는 마음으로 공부를 했습니다. 또 가장 빠른 시간 내에 합격하겠다, 수석 합격 하겠다는 욕심이 있었습니다. 그러나 그 욕심은 노무현을 견딜 수 없이 초조하게 만들어 건강까지 해치고 말았습니다. 그래서 노무현은 지나친 집착이나 욕심을 버려야 한다고 충고했습니다.

● 3. 지나간 시간은 잊어라

노무현은 며칠을 공부하지 않고 그냥 보냈다고 해서 초조해하지 않아야 한다고 했습니다. 며칠을 허송세월로 보냈다고 해서 그 시간을 메우겠다고 애쓰는 것은 또 다시 며칠을 소비하는 결과가 된다는 것입니다. 지나간 시간은 빨리 잊어버려야 합니다.

시험의 결과도 마찬가지입니다.

"아는 문제조차 틀리다니 난 바보야."

"한 번만 더 읽어봤어도 맞힐 수 있었는데……."

"번호를 잘못 표기해 틀리다니 너무 속상해."

그러나 실패가 약이 되어 성공의 밑거름이 된다는 것을 기억하여야 합니다. 한 번의 시험으로 인생이 바뀌지 않습니다. 성적이나 점수가 조금만 떨어져도 괴로워하는 친구들이 있습니다. 그래서 시험기간만 되면 두통을 앓거나 소화불량으로 고생을 해 옆에서 보는 사람이 불안하기도 합니다. 시험의 결과에 전전긍긍하기보다는 빨리 떨쳐버리고 다음의 공부에 몰입하는 너그러움이 필요합니다.

노무현은 고시에 여러 번 낙방했습니다. 그러나 잠시 후 다시 공부에 집중했습니다. 아마 쉽게 절망하고 오랜 시간 동안 괴로워하기만 했다면 중간에 포기해버렸을지도 모릅니다. 지나간 시험, 지나간 시간을 훌훌 털어버릴 수 있었기에 지치지 않고 끝까지 도전할 수 있었습니다.

4. 집중력을 길러라

노무현은 보통 하루 10시간 이상 공부했고 일단 책상에 앉으면 무섭게 집중했습니다. 하루 24시간을 앉아 있다고 해서 두 배의 효과가 있는 것은 아닙니다.

"책상 앞에만 앉으면 자꾸 다른 생각이 떠올라요."

"나는 원래 오래 앉아 있지를 못해요."

집중력은 타고 나는 것이 아닙니다. 집중이 잘되지 않는다면 집중력을 높이는 방법을 활용할 수도 있습니다.

먼저 5분 정도 집중을 위해 명상을 합니다. 앞으로 해야 할 공부에 대해 생각하고 다 하고 났을 때 어떤 결과가 나타날지 상상해보는 것도 좋습니다.

사람마다 집중이 잘되는 시간이 다릅니다. 어떤 사람은 이른 새벽에 집중이 잘되고, 어떤 사람은 저녁시간에 집중이 잘되기도 합니다. 자신에게 맞는 시간을 활용하여 공부하는 것도 공부의 효율을 높이는 하나의 방법입니다.

수업시간을 집중력을 키우는 시간으로 활용하는 것도 하나의 방법입니다. 한 가지라도 꼭 알아내겠다는 마음가짐으로 수업시간에 집중하면 저절로 집중력이 길러집니다.

그리고 집중하여 공부를 하고 난 뒤에는 휴식시간을 갖는 것이 중요합니다. 적절한 휴식은 오히려 집중력을 길러주는 보약입니다.

"공부하는 과정도 하나의 직업입니다"
—꿈을 갖고 정진하는 사람

노무현은 어릴 적 판사가 되겠다는 꿈을 가졌습니다. 그리고 그 꿈을 이루기 위해 오랫동안 사법시험 공부를 했습니다. 그러나 번번이 시험에 떨어졌습니다. 하지만 결코 좌절하지 않았습니다. 그런 경우 대부분의 사람들은 자신을 가치 없는 인간이라 생각하며 어려운 공부를 포기하거나 다른 직업을 찾아 나섭니다. 그러나 노무현은 이렇게 생각했습니다.

"내가 지금 공부하는 이 과정도 하나의 직업으로 생각하자. 그렇다면 직장에서는 어떻게 해야 하는가? 자기에게 맡겨진 일을 열심히 해야 한다. 나의 직업은 공부이고 열심히 하는 것이다."

이 생각은 힘든 과정을 이겨내 주는 힘이 되었습니다.

여러분도 공부가 하기 싫어질 때 이렇게 생각해보면 어떨까요?

"부모님에게 직업이 있듯이 나의 직업은 학생이다. 부모님이 열심히 일하듯이 나도 열심히 해야 한다. 학생인 내가 해야 할 일은 공부다."

마음속에 꿈만 간직하고 있어서는 아무런 소용이 없습니다. 꿈을 이루기 위해서는 실천이 필요합니다. 그리고 그 꿈을 이루기 위해서 공부라는 과정은 꼭 지나가야 하는 하나의 길과 같습니다.

열정과 끈기를 가지고 노력하는 사람만이 꿈을 이룰 수 있습니다.

낙선이 그에게 뼈아픈 시련만 안겨준 것은 아니었습니다.
시련을 통해 보다 넓은 시야에서 정치를 새로 배울 수 있게 되었기 때문입니다.
뿐만 아니라 기회를 쫓아다니는 정치인이 아닌
원칙과 소신을 지키는 친근하고 서민적인 이미지의 정치인으로
사람들에게 알려지기 시작했습니다.

도와줄까요? VS 이의 있습니다!

3장

꿈에 그리던 판사가 되다

얼마 후 노무현은 사법연수원에 들어갔습니다. 그런데 기뻤던 마음도 잠시, 이내 마음이 위축되었습니다. 사법연수원에는 하나같이 자신처럼 사법고시에 합격한 엘리트들뿐이었기 때문입니다. 그는 한동안 외톨이 신세로 지내야했습니다. 대부분 연수생들은 번듯하게 4년제 대학을 졸업했지만 노무현은 상고 출신이었던 이유에서였습니다. 연수생들은 자기들끼리 이야기를 하거나 식사를 하러 갔습니다.

그러다 어느 정도 시간이 흐르자 몇몇 연수생들이 노무현이 외톨이라는 것을 알고 친구처럼 대해주었습니다. 그는 그들이 고맙게 여겨졌습니다. 그들과 연수원 시절 내내 친하게 지냈을 뿐 아니라 수료 후에도 자주 만나며 친분을 이어갔습니다.

노무현은 사법연수원에서 세상은 참으로 넓고 똑똑한 사람들이 많다는 것을 깨달았습니다. 그는 그동안 초등학교부터 고등학교를 졸업할 때까지 우등생을 도맡아 왔습니다. 그런데 연수원에서는 그렇지 않았습니다. 아무리 최선을 다해 공부해도 상위 그룹에 낄 수가 없었습니다. 연수원을 수료할 때 성적은 중간 정도였습니다.

노무현은 연수원 시절부터 종종 판사나 검사보다 변호사가 되고 싶다는 생각이 들었습니다. 특강을 하는 대법원 판사들을 볼 때면 왠지 모르게 융통성이 없고 냉정해보였기 때문입니다. 그때 그는 몇몇 연수원 동기생들과 함께 변호사로 활동하며 법조 문화를 개선해보자고 다짐하기도 했습니다.

그는 1977년 사법연수원을 수료한 뒤 대전지방법원 판사로 임용되었습니다. 31살의 노무현이 판사가 되자 부모님을 비롯한 형과 누나들은 기뻐했습니다. 지금도 그렇지만 그때만 해도 판사를 가장 높은 벼슬로 여겼기 때문입니다.

노무현이 처음 모셨던 부장 판사님은 복잡한 재판 기록을 메모지 한 장에 요약해서 재판을 진행했습니다. 또 판결문도 별 어려움 없이 쓸 정도로 능력 있는 분이었습니다. 그에 비해 무현은 메모지 서너 장을 가득 채우고도 모자라기가 일쑤였습니다. 판결문을 쓰려면 몇 번이나 메모지를 들여다봐야했습니다.

한번은 노무현이 영장 당직을 서고 있었습니다. 그때 한 회사원이 찾아와 동료가 절도 혐의로 영장이 신청되었다고 말했습니다. 자신의 동료는 절대 남의 물건을 훔칠 사람이 아니라며 그는 선처를 바란다고 간곡히 부탁하고 돌아갔습니다.

그때 동료 판사가 이렇게 욕을 했습니다.

"저 자식은 여기가 어딘 줄 알고 겁 없이 찾아와서 헛소리하고 있어? 저런 녀석은 따끔하게 맛을 보여줘야 해."

하지만 노무현은 그 후로 사건 기록을 자세히 들여다보게 되었습니다.

얼마 후 한 어묵업자가 방부제를 섞은 혐의로 기소되어 재판을 받게 되었습니다. 이번에도 사건 기록을 꼼꼼히 살펴보았던 무현은 어묵업자에게 죄가 없다는 것을 알게 되었습니다. 그래

서 무죄를 주장했습니다.

그러나 합의부는 유죄를 선고했습니다. 유죄가 내려지자 무현은 무죄 판결을 내리지 못한 탓에 어묵업자에게 미안한 마음이 들었습니다.

그 사정을 전해들은 어묵업자는 술을 사들고 무현의 집을 찾아와 연신 고마움의 인사를 전했습니다. 그때 노무현은 직접 항소 이유서까지 써줬습니다.

그 후 그는 판사 생활에 대해 회의를 느끼기 시작했습니다.

'판사 생활이 진정으로 내가 원하는 것일까?'

'지금 나의 모습이 과거에 내가 되고 싶었던 판사일까?'

고민에 고민을 거듭한 끝에 노무현은 판사가 된지 7개월 만에 그만두기로 마음을 정했습니다. 가족들은 길길이 날뛰며 말렸지만 그의 마음을 돌리지 못했습니다.

노무현은 드디어 이듬해 5월 부산에서 변호사 개업을 했습니다. 변호사 일을 하면서 그는 무척 행복했습니다. 자신이 진정으로 원하는 일을 할 수 있었기 때문입니다. 그는 처음부터 한 분야의 전문 변호사가 되고 싶었습니다. 시간이 지나면서 높은 승소율로 세무와 회계 전문 변호사로 알려지기 시작했습니다. 그 후 주로 조세 및 회계사건 등을 통해 높은 수임료를 받았습니다. 당시에는 평범한 동료 변호사들처럼 지역의 경제인들과 어울리며 요트 등을 즐기는 자유로운 생활을 만끽했습니다.

억울한 사람들을 위하여

얼마 후 노무현은 '부림 사건'의 변론을 맡게 되었습니다. 부림 사건이란, 부산지역 대학생 및 대학 출신 활동가 등 모두 22명의 청년이 불온서적을 읽고 계엄령 하에서 불법 모임을 가졌다며, 국가보안법과 반공법, 계엄법과 집시법, 범인 은닉과 도피 등의 혐의로 구속 처벌된 사건입니다. 전두환 정권이 집권 첫 해인 1980년에 마지막 남은 저항 세력을 제거하기 위한 일종의 계략이었습니다.

부림 사건의 진상을 파악해본 그는 깜짝 놀랐습니다. 《난장이가 쏘아올린 작은 공》이나 《전환 시대의 논리》 등과 같은 책을 읽거나 돌잔치에 모인 몇몇 사람들이 정부를 비판했다는 이유로 잡혀와 조사를 받고 가혹한 고문을 당했기 때문입니다.

노무현은 말도 안 되는 일로 붙잡혀간 사람들 가운데 한 학생을 교도소에서 만났습니다. 학생의 모습을 본 순간 노무현의 심장은 얼어붙었습니다. 심한 고문으로 학생의 몰골이 말이 아니었기 때문입니다. 그 학생은 57일 동안이나 불법구금을 당하고 매를 맞으며 조사를 받고 있었습니다.

학생의 가족들은 그 사실을 알지 못하고 있었습니다. 늙은 어머니는 혹여 아들이 죽지나 않았을까 하는 생각에 시체라도 찾기 위해 부산 영도다리 밑에서부터 동래 산성 풀밭까지 온 천지를 뒤지고 다녔습니다. 도저히 상상이 안 되는 일이었습니다. 가슴이 찢어지는 것 같았습니다.

'어떻게 이럴 수가 있어!'

그는 그 사건의 내용을 세상에 알려야겠다고 결심했습니다. 그리고 직접 나서서 억울한 누명을 쓰고 감옥에 있는 사람들의

변론을 시작했습니다.

그는 법정에서 열변을 토했습니다. 자신이 마치, 행방불명된 아들을 찾아 실성한 사람처럼 부산 시내를 헤매고 다니는 어머니가 된 심정으로 검사에게 따져 물었습니다. 노무현의 변론을 들은 방청객들이 울음을 터뜨렸습니다.

다음날 검사는 그에게 이렇게 협박했습니다.

"노 변호사, 지금 세상이 어떻게 돌아가는지 아시오? 전두환 장군이 대통령이 된 후 부산에서 변호사 한두 명이 죽었다고 해서 그게 무슨 대단한 일이 될 줄 아시오?"

그것은 협박이나 마찬가지였습니다. 그러나 검사의 협박은 오히려 그의 투지에 불을 붙여주었습니다. 그 후로 그는 그 사건에 열정적으로 매달렸습니다. 법정에서 종종 검사와 충돌이 일어나기도 했습니다. 검사가 말도 안 되게 피고인들을 몰아붙일라치면 즉시 항의를 했습니다.

하지만 이런 노력에도 불구하고 재판정은 그 학생들에게 징역 5년에서 7년까지 터무니없는 중형을 선고하고 말았습니다.

인권변호사로 활동하다

　노무현에게 있어 부림 사건은 인생의 전환점이 되어주었습니다. 그 사건을 계기로 노무현은 인권변호사로 활동하게 된 것입니다. 그는 시국 사건이 있을 때마다 억울한 처지에 놓인 사람들 편에서 변론을 펼쳤습니다.

　1987년 2월에 서울대생이던 박종철이 물고문으로 죽는 사건이 일어났습니다. 그때 그는 박종철 추도집회를 주도하다가 최루탄을 뒤집어 쓴 채 경찰서로 연행되기까지 했습니다. 검찰은 이례적으로 하룻밤 사이에 3번이나 영장을 청구했지만 기각되었습니다. 하지만 세 번이나 기각된 영장을 또 다시 청구할 정도로 그는 검찰에게 눈엣가시였습니다. 그해 6월에 박종철 군의 사건이 민주항쟁으로 이어지면서 노무현의 이름은 전국적으로 알려지기 시작했습니다.

　그때 그는 부산에서 송기인 신부를 알게 되었습니다. 송기인 신부는 김광일 변호사, 최성묵 목사와 함께 70년대 부산의 반독재운동에 버팀목 역할을 했던 사람입니다.

　송기인 신부는 노무현을 자신의 성당으로 데려가 아내 권양숙과 함께 세례를 받게 했습니다. 그때 무현은 유스토, 아내는

아델라라는 세례명을 가지게 되었습니다. 그 후로도 송 신부는 그에게 있어 언제나 든든한 이웃이자 동지가 되어주었습니다.

그 해 6월 18일 부산 시위 때 이태춘이라는 청년이 '최루탄 추방의 날' 시위에 참석했다가 동구 좌천동 고가도로에서 경찰의 다연발탄과 직격탄을 피하다 떨어져 죽는 일이 일어났습니다. 그때 노무현은 이상수 변호사와 함께 유족들에 대한 보상 합의 문제를 도왔습니다.

그런데 보상 합의 문제가 임금 협상과 맞물려 있어 노동자들과 갈등이 빚어졌습니다. 그래서 그는 임금 협상이 잘 해결되지 않고는 장례식을 제대로 치를 수 없다는 생각이 들었습니다. 그는 이상수 변호사와 원만한 협상을 이끌어내기 위해 노력했습니다. 그 결과 유족들은 보상금 1억 원을 받게 되었습니다.

그런데 유족이 보상 합의를 보고 나자 그동안 매달리던 것과는 달리 태도를 바꾸었습니다. 그리고 경찰의 부추김을 받은 유족들은 이상수 변호사와 노무현을 장례식 방해 혐의로 걸고 넘어졌습니다. 그 결과 그는 구속되었다가 구속적부심으로 23일 만에 풀려났습니다.

하지만 노무현은 유족 측을 원망하지 않았습니다. 그들의 행동은 경찰 때문에 어쩔 수 없이 한 행동이었다고 이해했습니다.

그는 그동안의 사건들을 통해 억울하게 고통당하는 사람이 많다는 것을 깨달았습니다. 특히 죄 없는 청년들이 공포에 질려있거나 매질과 가혹한 고문을 당할 때면 어떻게든 그들에게 힘이 되어주어야겠다고 생각했습니다. 이런 생각들은 그를 더욱 인권운동에 빠져들게 했습니다. 그 일이 바로 자신이 변호사가 된 이유였기 때문입니다.

국회의원이 된 노무현

　노무현은 인권변호사로 활발하게 활동했습니다. 그 과정에서 가난하고 힘없는 사람들과 억울하게 고통을 당하는 사람들에게 도움을 주었습니다. 시간이 지나면서 그는 민주화운동에도 관심을 가지게 되었습니다.

　"국민들을 괴롭히는 독재정부를 더 이상 두고 볼 수만은 없어."

　그는 우리나라의 독재정부로부터 국민들을 구하기 위해 어떻게 해야 하는지 고민했습니다.

"우리나라를 위해 내가 할 수 있는 일은 무엇이 있을까?"

"어떻게 하면 국민들에게 도움이 될 수 있을까?"

1984년 세워진 '공해문제연구소' 의 이사가 된 노무현은 1985년에 송기인 신부를 중심으로 '부산민주시민협의회' 를 만들었습니다. 본격적으로 민주화운동에 나서는 한편, '노동법률상담소' 를 차렸습니다. 그리고 이듬해부터는 변호사 업무를 거의 중지하다시피 하며 민주화운동에 전념했습니다.

1987년 노무현은 민주헌법쟁취국민운동 부산본부의 상임집행위원장으로 '6월 항쟁' 의 주역이 되었습니다. 사람들은 그런 그를 보며 부산민주화운동의 '야전사령관' 이라고 불렀습니다.

그는 억울하게 고통 받는 사람들을 위해 헌신했을 뿐 아니라 우리나라의 민주화를 여는 데 앞장섰습니다.

얼마 후 노무현에게 정계에 입문하는 계기가 찾아왔습니다. 김영삼 총재가 노무현을 보고 우리나라를 위해 많은 일을 할 것이라고 여겨 그에게 제안을 했던 것입니다.

"사람들로부터 자네 이야기를 많이 들었네. 야전사령관이라고 하더군."

"제 할 일을 했을 뿐입니다."

"자네, 앞으로 나라를 위해 많은 일들을 해주게."

1988년 노무현은 김영삼 총재가 이끌던 통일민주당으로부터 공천을 받았습니다. 그때 그는 많은 고민과 갈등에 빠졌습니다.

'굳이 정치에 끼어들 필요가 있을까?'

'그냥 이대로 민주화운동을 해도 괜찮지 않을까?'

그러다 노무현은 결정을 내렸습니다.

'국회의원이 되어서 억울하게 짓눌리고 고통 받는 사람들의 모습을 세상에 알리자.'

이런 생각과 함께 사람 대접을 제대로 하지 않는 사회에 대한 분노가 치밀어 올랐습니다. 무엇보다 정치인이 된다면 지금보다 더 많은 일을 할 수 있을 것이라는 생각도 들었습니다. 이렇게 해서 노무현은 1988년 4월 26일 치러진 제13대 국회의원 선거에서 부산 동구에 출마해 당당하게 당선되었습니다.

"정말 축하합니다."

"앞으로 국민을 위해 많은 일들을 해주세요."

당선 소식과 함께 그에게 많은 사람들의 박수갈채가 쏟아졌습니다. 그는 국회의원이 된 자신이 해야 할 일이 많다는 것을 실감했습니다.

'난 반드시 민주화를 위해 투쟁할 거야.'

국회의원이 된 노무현은 하루 종일 최선을 다해 일했습니다. 자신을 원하는 곳이 있으면 때와 장소를 가리지 않고 찾아갔습니다. 그러자 그에게 수많은 격려 전화가 걸려왔습니다.

청문회 스타가 되다

    1988년 7월 8일 국회의사당 본회의장에서 국무위원(국무위원은 의장인 대통령, 부의장인 국무총리 외에 행정 각부의 장관과 정무장관 2인으로 구성)들을 상대로 대정부 질문 시간이 있었습니다.

    그때 그는 본회의장을 쩌렁쩌렁 울릴 정도의 힘찬 목소리로 말했습니다.

    "부산 동구에서 처음으로 국회의원이 된 노무현입니다. 국무위원 여러분, 저는 별로 성실한 답변을 요구 안합니다. 성실한 답변을 요구해도 비슷하니까요.

청년 학생들이 죽어가는 것은 감옥에 가서 참회해야 될 사람들이 권력을 잡고 온갖 도둑질을 다 해먹으면서 바른말 하는 사람 데려다가 고문하고 죽이는 바람에 생긴 일이기 때문입니다. 그 사람들이 임명한 국무총리와 국무위원에게 무슨 대책이 있으리라고는 믿지 않습니다.

물으면 제가 그르지요. 제가 생각하는 이상적인 사회는 더불어 사는 사람 모두가 먹는 것, 입는 것 이런 걱정 좀 안하고 억울한 고통을 당하지 않고 하루하루가 좀 신명나게 이어지는 그런 세상이라고 생각합니다."

그는 또 국무위원들에게 이렇게 물었습니다.

"국무위원 여러분, 아직도 케이크의 크기를 더 크게 하기 위해서 노동자의 희생이 계속되어야 한다고 생각하십니까?"

노무현은 초선의원이었지만 중견의원 못지않게 당차게 국민을 대신해 말했습니다. 그러자 대정부 질문을 텔레비전으로 지켜본 국민들은 속이 후련했습니다. 여느 국회의원들은 눈치를 보는 데 급급했지만 그는 용기 있는 모습으로 따져 물었기 때문입니다.

대정부 질문 후 그는 많은 사람들로부터 지지를 받았습니다. 뿐만 아니라 여러 회사를 비롯해 다양한 단체에서 그를 불렀습니다. 그는 곳곳에서 억압당하고 고통 받는 서민들을 위해 한 걸음에 달려갔습니다.

그런 그에게 그동안 높고 거만하게만 여겨졌던 경찰서장이나 높은 관료들도 더 이상 함부로 대하지 못했습니다. 오히려 굽실거리며 눈치를 보곤 했습니다.

　학력이 부산상고 졸업이 전부인 노무현이 세상에 자신의 이름을 알리게 된 계기가 있었습니다. 바로 1988년 11월 7일부터 3일 동안 열린 국회 5공특위의 일해재단 청문회가 그것입니다. 청문회는 증인들을 불러 증언을 듣는 일을 말합니다.
　당시 청문회는 처음 실시하는 데다 청문회의 주제가 광주학살 문제와 5공비리에 관한 것이었습니다. 당시 장세동 전 안기부장, 이종원 전 법무장관, 정주영 현대그룹 사장 등이 증인으로 나왔습니다. 대다수 국회의원들은 공격적인 자세로 증인들을 죄인처럼 다그치거나 몰아세웠습니다.
　그러나 노무현은 달랐습니다. 증인들을 최대한 존중해주면서 차분하게 논리적으로 따져 물었습니다.
　그 중 이종원 전 법무장관은 5공화국(전두환 정권)에서 법무장관을 지냈던 만큼 법에 대한 지식이 뛰어났습니다. 그래서 법을 공부하지 않은 국회의원들이 상대하기에게 버거웠습니다. 오히려 이종원 전 법무장관은 국회의원들을 은근히 조롱하는 듯했습니다. 오만한 모습에 국회의원들은 하나같이 분통을

터뜨리며 어쩔 줄 몰라 했습니다.

  그때 노무현은 변호사로 활동하며 익힌 법 지식을 이용해 이종원 전 법무장관과 맞섰습니다. 사실 문제의 본질은 아주 간단한 것이었습니다. 그런데 국회의원들이 법 지식이 없어 어렵게만 여겨졌던 것입니다.

  노무현은 법 지식과 특유의 논리로 이종원 전 법무장관에게 따져 물었습니다. 그러자 그동안 다른 국회의원들을 조롱하던 그는 결국 항복하고 말았습니다. 그때 그는 지식이 잘못 활용될 때 얼마나 위험한 일을 초래하는지 깊이 깨달았습니다.

  그는 청문회 내내 증인들을 상대로 정곡을 찌르는 날카로운 질문을 던졌습니다. 그래서 텔레비전으로 청문회를 지켜보던 국민에게 깊은 인상을 심어주었습니다. 이것이 계기가 되어 부산의 무명의 신인 정치인이었던 그는 대중 정치인으로 서서히 알려지기 시작했습니다.

불의와 타협하지 않는 소신

청문회가 끝난 후 노무현은 깊은 좌절감과 회의감에 빠졌습니다. 청문회는 끝났지만 5공비리나 광주학살 문제 등 달라진 것이 아무것도 없었기 때문입니다.

'국회의원이 되어서도 내가 할 수 있는 일이 없어.'

결국 그는 1989년 3월 17일 국회의장에게 국회의원직 사직서를 제출했습니다.

하지만 주변의 설득으로 17일 만에 국회의원직 사퇴 의사를 철회했습니다. 그는 정말 국회의원으로서 제대로 일을 하고 싶었습니다. 그래서 여느 국회의원들처럼 대충 일을 처리하지 않았습니다.

그런데 같은 해 12월 31일에 전두환 전 대통령이 국회에서 증언하게 되었습니다. 1988년 11월 23일에 대국민 사과문을 발표하고 설악산 백담사에 은둔한지 일 년 만의 일이었습니다.

그날 국회의원들은 전두환에게 125개 항목에 걸쳐 전두환 정권에 대한 비리에 대해 질문을 던졌습니다. 그러나 전두환은 처음부터 끝까지 모른다고 대답했습니다. 그의 거짓말에 화가 난 민정당 의원들이 들고 일어나 삿대질을 하기 시작했습니다. 이때 평민당 국회의원들도 항의를 하는 바람에 청문회장은 어수선해졌습니다. 이런 상황에는 통일민주당도 함께 야당(현재

정권을 잡고 있지 아니한 정당) 편을 들어주는 것이 관례였습니다. 하지만 이날 통일민주당은 모른 척했습니다.

노무현은 너무나 분노가 치밀었습니다. 그래서 벌떡 일어나 소리쳤습니다.

"전두환이 아직도 너희들 상전이야?"

소동은 계속되었고 잠시 후 전두환이 퇴장하게 되었습니다. 그때 노무현은 전두환을 향해 자신의 명패를 내동댕이쳤습니다. 이는 알면서도 나 몰라라, 하는 통일민주당 지도부에 대한 항의 표시였습니다. 그러자 신문들은 일제히 국회의원으로서의 자질에 문제가 있다며 그를 강하게 비판했습니다.

하지만 노무현은 바로 불의와 절대 타협하지 않는 소신 있는 정치인의 모습이었습니다.

지역주의 장벽을 넘어라

노무현에게 1990년의 겨울은 너무나도 외로운 시간이었습니다.

1월 22일 청와대에서 노태우 대통령과 김영삼 총재, 김종필 총재가 각각 이끌던 민정당과 통일민주당, 신민주공화당의 3당을 합치는 일이 일어났습니다.

"우리 세 당이 합치게 되면 더 큰일을 할 수 있을 것입니다."

그렇게 새로운 당인 민자당이 만들어졌습니다. 이때 3당이

합쳐지는 것에 대해 반대하기 위해 1천만 명 서명운동도 일어났습니다. 전국의 57개 대학의 1,041명의 교수들이 민자당 해체를 요구하며 시국성명을 발표했습니다.

"이건 말도 안 돼!"

"도저히 있을 수 없는 일이야!"

민자당이 만들어지자 노무현은 이철, 김정길 의원과 함께 3당 합당을 강력하게 비판했습니다. 그리고 민자당에 소속되기를 한사코 거부했습니다.

무소속 의원들 사이에 이기택 의원을 총재로 하는 민주당을 창당하자는 쪽으로 의견이 모였습니다.

"그래, 우리 무소속 의원들끼리 이기택 의원을 총재로 해서 민주당을 창당하자."

이렇게 해서 1990년 6월 15일 민주당이 만들어졌습니다. 그런데 이때부터 노무현의 정치적 고난이 시작되었습니다.

총 216명의 국회의원을 확보한 민자당은 국회의석의 3분의 2를 넘는 거대한 정당이 되었습니다. 더 이상 견제할 세력이 없어지자 자신들 마음대로 국회를 운영했습니다. 이때 원칙에서 벗어난 채로 국군조직법 개정안 등 26개 안건을 25초 만에 처리했습니다.

"국회에서 어떻게 날치기 처리할 수 있어?"

"이건 무효야, 무효!"

국민들의 비난이 쏟아졌습니다.

얼마 후 노무현은 민주당의 대변인(공식 성명이나 비공식 태도를 발표 또는 설명하는 사람)으로 임명되었습니다. 그런데 대변인으로 임명된 다음날 조선일보에 '대변인 노무현 의원은 과연 상당한 재산가인가'라는 제목의 기사가 실렸습니다. 노무현이 돈과 출세밖에 모르는 사람이라는 내용이었습니다. 그는 조선일보에 명예훼손 소송을 제기했습니다. 당시 그를 보며 모두들 이렇게 수군거렸습니다.

"순진한 초선 의원이라서 뭘 몰라."

"어떻게 거대한 신문사와 싸워서 이긴단 말이야?"

그가 조선일보를 상대로 소송을 제기했다는 말을 듣고 김영삼 총재마저 이렇게 말했습니다.

"노 의원, 그 사람은 무슨 정치를 그렇게 하지?"

그러나 1심 재판정은 노무현의 손을 들어주었습니다. 법원으로부터 조선일보는 노무현에게 2,000만원을 지급하라는 명

령이 떨어졌습니다. 대부분 정치인들이 상대하기 꺼려하는 거대 언론사 조선일보와 싸워 이긴 것입니다.

노무현은 3당 합당 때 입당하라는 김영삼 총재의 말을 듣지 않았습니다. 그를 보며 부산 시민들은 "김영삼에게 등을 돌린 배신자"라며 비난했습니다. 그 결과 부산지역 사람들의 마음 역시 노무현으로부터 등을 돌리기 시작했습니다. 지난 국회의원 선거 때 자신을 뽑아준 부산 시민들이 등을 돌리자 그는 마음이 씁쓸했습니다.

1992년 3월 24일 제14대 국회의원 선거가 치러졌습니다. 지난 국회의원 선거에서 자신을 추켜세워준 김영삼 총재가 이번에는 그의 경쟁 후보인 허삼수를 지지했습니다.

"허삼수 후보는 충직한 군인입니다. 허삼수 후보를 뽑아주신다면 제가 무겁게 쓰겠습니다. 저를 대통령으로 만들어주시기 위해서도 허삼수 후보를 국회의원으로 뽑아주십시오."

선거 결과는 노무현의 패배였습니다. 정치를 시작한지 4년 만에 '청문회 스타'에서 밑바닥으로 추락한 것입니다.

그는 고민에 빠졌습니다.

'내가 낙선한 것은 정치를 그만 떠나라는 뜻이 아닐까?'

'하지만 내가 그동안 얼마나 많은 노력을 기울였는데…….'

낙선이 그에게 뼈아픈 시련만 안겨준 것은 아니었습니다. 시련을 통해 보다 넓은 시야에서 정치를 새로 배울 수 있게 되었기 때문입니다. 뿐만 아니라 기회를 쫓아다니는 정치인이 아닌 원칙과 소신을 지키는 친근하고 서민적인 이미지의 정치인으로 사람들에게 알려지기 시작했습니다.

농부는 밭을 탓하지 않는다

노무현은 새로운 시대는 수도권보다 지방화의 시대가 될 것이라고 믿었습니다. 그래서 이듬해 지방자치실무연구소를 열었고, 1994년 3월 15일에는 부산지역정책연구소를 차렸습니다. 그러면서 착실하게 지방선거를 대비했습니다.

"다음 부산시장 선거에 나가겠습니다."

그는 사람들에게 다음해 치러질 지방선거에서 통합민주당 소속 부산시장 후보로 출마하겠다고 선언했습니다. 그리고 다양한 곳에서 시민들을 만나 자신을 지지해달라고 호소했습니다. 여론조사에서 그는 단 한 번도 1위를 내준 적이 없었습니다. 그래서 주위 사람들은 그가 부산 시장에 당선될 것이라고 확신했습니다.

그러나 선거에서 노무현은 또 다시 떨어지고 말았습니다. 청문회 스타인 그가 넘기에도 지역주의의 장벽은 너무나 높았습니다. 그가 낙선한 이유는 우리나라의 고질적인 지역감정 문제 때문이었습니다. 그때부터 그는 지역주의의 장벽을 무너뜨리겠다고 다짐했습니다.

그런 그를 보며 사람들은 의아하게 생각했습니다.

"고생을 사서 하는구먼."

"어떻게 혼자서 지역주의 감정을 깨뜨린다는 거야."

노무현은 사람들의 부정적인 시선에도 아랑곳하지 않았습니다.

"꼭 그 지역 출신이 아니더라도 누구나 능력이 있으면 당선되는 정치 문화를 만들 거야."

그는 1997년 대선에서 김대중 전 대통령의 당선을 돕기도 했습니다. 그리고 1998년 7월에 이명박 의원이 의원직을 잃게 되어 치러진 국회의원보궐선거에서 서울 종로구에 출마했습

니다.

마침내 종로구에 당선된 노무현은 다시 국회에 진출할 수 있게 되었습니다. 오랜 시간을 거쳐 다시 국회에 들어간 만큼 누구보다 열심히 활동했습니다.

2000년 4월 13일에 치러질 제16대 국회의원 선거가 코앞으로 다가왔습니다. 그는 이때 중대한 결심을 했습니다.

"이번에는 종로구를 포기하고 부산에서 출마하자."

주위 사람들은 일제히 반대했습니다. 사실 종로구에 출마하게 되면 쉽게 당선될 수 있지만 부산에서는 낙선할 확률이 높았기 때문입니다.

하지만 그는 자신의 결심을 실행에 옮겼습니다. 그동안 지역주의의 장벽을 깨뜨리겠다고 더욱 굳게 다짐했기 때문입니다. 그는 많은 사람들의 만류에도 불구하고 부산에서 출마했습니다.

"이제 올바른 정치 문화를 이끌어내기 위해선 지역주의의 장벽을 극복해야 합니다. 저 노무현이 지역주의의 장벽을 깨뜨리기 위해 종로구를 포기하고 여기 부산에 왔습니다."

그러나 선거 결과는 참담한 패배였습니다. 노무현은 선거에서 허태열 후보에게 졌습니다. 하지만 여론 조사에서는 노무현이 허태열 후보보다 많게는 16,7 퍼센트나 앞섰습니다. 쉽게 말해 노무현을 지지하는 많은 사람들을 얻었음을 뜻했습니다.

　비록 선거에서는 패배였지만 그의 인생에서는 커다란 기회를 가져다주었습니다. 이때부터 원칙과 소신을 지켜온 그를 사람들이 주목하기 시작했기 때문입니다. 사람들은 그런 그를 향해 '바보 노무현'이라고 말했습니다. '바보'라는 말 속에는 당선이 확실한 종로구를 포기하고 지역주의의 장벽을 극복하겠다고 부산에 출마한 그의 소신을 높이 산다는 뜻이 거꾸로 담겨 있었습니다.

　그는 선거에서 떨어졌지만 부산 시민들을 원망하지 않았습니다.

　"농부는 곡식이나 열매가 잘 자라지 않는다고 해서 밭을 탓하지 않습니다."

제가 필요하면 언제든지 말하십시오

　노무현은 비록 16대 국회의원 선거에서 떨어졌지만 좌절하지 않았습니다. 오히려 가슴속으로 반드시 지역주의 장벽을 넘겠다고 더욱더 굳게 결심했습니다.

　어느 날 노무현에게 기쁜 소식이 전해졌습니다. 김대중 대통령으로부터 해양수산부 장관으로 일해달라는 요청을 받았기 때문입니다. 그는 잠시 머뭇거렸습니다. 해양수산부 장관으로서의 일을 잘해낼 수 있을까 하는 걱정이 들었습니다.

'결과보다 최선을 다해서 일해보자.'

그는 나라와 국민을 위해 헌신하겠다는 각오로 요청을 받아들였습니다. 뉴스나 신문을 통해 그가 해양수산부 장관에 임명되었다는 소식이 전해지면서 여기저기서 축하전화가 걸려왔습니다.

"노 장관님, 정말 축하드립니다."

2000년 8월에 해양수산부 청사에서 장관 취임식이 열렸습니다. 대회의실에는 이미 신임 장관을 맞이하기 위해 직원들이 줄지어 서있었습니다. 그들을 보며 이런 생각이 들었습니다.

'지위를 막론하고 나와 모든 직원들이 한 가족이 되어야 해. 그래야 한 마음 한 뜻으로 일을 할 수가 있어. 그러려면 먼저 직원들을 무시하기보다 신뢰하는 모습을 보여야해.'

노무현은 직원들 앞에서 천천히 취임사를 읽어 내려갔습니다.

"꿈이 있는 사람, 준비된 사람, 도전하는 사람만이 바다를 지배할 수 있습니다. 공직자는 업무에 정통해야 하고, 공정해야 하며, 무엇보다 사랑을 품고 살아야 합니다.

저는 해양수산부가 겪는 어려움을 극복하고, 부처에 주어진

사명을 감당하는 데 있어 장관으로서 앞장서서 최선을 다하겠습니다. 여러분들이 도와주시리라 믿습니다."

노무현이 해양수산부 장관으로 취임하자 가장 기뻐한 사람은 부모님이었습니다.

"장하다, 우리 아들."

"높은 자리에 있을수록 항상 겸손함을 잃지 않도록 해야 한다."

어머니는 아들이 장관으로 취임했다는 소식에 눈물이 흐르는지도 모른 채 어린아이 마냥 기뻐했습니다.

그는 해양수산부 장관에 취임한 후 눈코 뜰 새 없이 바쁘게 일했습니다. 특히 장관이라고 해서 아랫사람들을 함부로 대하지 않았습니다. 오히려 아랫사람들에게 가장 가까이하기 쉬운 사람, 가장 일하기 편한 사람이 되도록 노력했습니다. 직원들을 믿고 일을 맡겼습니다. 일을 추진할 때 더 나은 방법을 찾기 위해 직원들의 의견을 경청해서 추진했습니다.

노무현은 종종 직원들에게 이렇게 말했습니다.

"제가 필요하면 언제든지 말하십시오."

어려움이 있으면 선뜻 도와줄 자세가 되어있다는 뜻이었습니다. 장관에 취임하고 나서 두 번째 가진 회식에서는 한 직원이 이렇게 말했습니다.

"취임식 때 장관님께서 '여러분에게 쏟아지는 매는 내가 맞겠다, 여러분이 열심히 일하다가 실수하면 제가 책임을 지지만, 일하지 않는 사람에게는 책임을 묻겠다' 고 하셨습니다. 저는 그 말씀을 떠올리며 장관님만 믿고 열심히 일을 하면 되겠구나 하는 생각이 들었습니다."

그는 직원들이 최선을 다해 일해주기를 바랐습니다. 그래서 일을 하다가 실수하는 직원이 있더라도 질책하기보다 격려를 해주곤 했습니다.

노무현은 2000년 8월부터 2001년 3월까지 해양수산부 장관으로 있었습니다. 그동안 그는 다른 사람의 생각과 의견을 듣는 일이 얼마나 중요한지 깨달았습니다.

'대화는 상대방을 이해할 수 있는 가장 효과적인 방법이야.'

일을 추진할 때 독불장군처럼 하기보다 다른 사람들의 의견을 듣고 나서 결정했습니다.

벼는 익을수록 고개를 숙인다는 말이 있습니다. 바로 노무현이 그랬습니다. 그는 장관이라는 높은 자리에 있었지만 언

제나 겸손함을 잃지 않았습니다. 권위는 아랫사람을 꾸짖기보다 배려하고 감싸줄 때 생긴다는 것을 잘 알고 있었기 때문입니다.

'바보 노무현'을 사랑하는 사람들의 모임, 노사모

노무현은 지역주의의 장벽을 극복하겠다는 소신 때문에 선거에서 거듭 낙선했습니다. 사람들은 그를 보며 수군거렸습니다.

"난 정말 이해가 안 가."

"뭐가?"

"왜 부산에 출마하면 당연히 떨어진다는 것을 알면서도 출마했냐는 말이야."

"바보야, 그 이유를 아직도 몰랐어? 노무현은 여느 정치인들과는 달라. 원칙과 소신을 지킬 줄 아는 사람이거든."

"그건 그렇지."

처음에 사람들은 소신 때문에 거듭 낙선한 그를 보며 나쁘게 말했지만 시간이 지나면서 안타까워했습니다. 사람들은 그를 보며 '바보 노무현'이라고 불렀습니다. 원칙과 소신을 지키는 굽힐 줄 모르는 나무 같은 사람이라는 뜻이었습니다.

선거가 끝난 후 노무현의 홈페이지에는 네티즌들이 글을 올리기 시작했습니다. 하나같이 "노무현 후보님, 힘내십시오."라는 격려의 글들이었습니다. 네티즌들의 열기는 시간이 지날수록 더해져 인터넷을 가까이 하지 않던 사람들까지 동참하게 만들었습니다. 그들이 쓴 글들은 많은 사람들의 눈시울을 뜨겁게 했습니다.

"노무현만큼 친근하고 서민적인 정치인은 없을 거야."

"그래서 내가 노무현을 좋아하는 이유야. 하하."

당시 한 네티즌이 '노무현 팬클럽'을 만들면 어떨까, 하고 제안했습니다. 그러자 그 제안에 모두들 찬성했습니다. 그렇게 해서 '노무현을 사랑하는 모임' 즉 '노사모'가 탄생하게 되었습니다. '노사모'는 우리나라 최초의 정치인 팬클럽이었습니다.

언젠가 한 '노사모' 회원은 이렇게 말했습니다.

"우리는 스스로 노무현의 손과 발이 되어주고, 그의 눈과 입이 되어주었습니다. 또한 그의 머리와 가슴이 되어주었습니다. 우리는 노무현과 같은 지도자를 만난 것으로 희망과 보람을 갖고 사는 사람들입니다."

'노사모'는 인터넷이라는 자유로운 공간을 통해 활동했습니다. 당시 노무현 역시 인터넷의 중요성에 대해 잘 알고 있었습니다. 그래서 '노사모'와 호흡을 맞추는 것에 대해 즐거워했습니다. '노사모'는 노무현에게 있어 든든한 서포터즈였습니다.

노무현은 2002년 치러지는 대통령 선거에 출마하기로 선언했습니다.

"저는 오는 2002년 대선에 출마하겠습니다."

그러자 '노사모' 회원들은 환호와 박수로 지지했습니다.

"야호! 드디어 노무현님이 대통령 선거에 나가신대."

"정말? 당선되시도록 우리 노사모가 도와드리자."

그는 민주당의 대통령 후보 경선에 출마했습니다. 사상 최초

로 국민 참여 방식으로 치러지는 경선이었습니다.

노사모는 2002년 대선을 앞두고 '바보 노무현' 열풍을 주도했습니다.

노무현은 이번 대선에서는 많은 돈을 들이지 않는 선거 문화를 정착시키기 위해 노력했습니다. 많은 돈을 들이지 않고도 선거를 할 수 있는 진정한 분위기를 만들고 싶었습니다.

그의 그런 마음을 알고 '노사모' 회원들은 노무현 후보를 앞장섰습니다. 영화배우 명계남을 국민참여운동본부 100만 서포터사업단장으로 세우고 '희망돼지 저금통' 모금 운동을 벌였습니다.

'희망돼지 저금통' 모금 운동은, 동전을 후원금으로 모아주어 노무현 후보를 당선시키자는 것이었습니다. 이때 적은 액수로도 후원을 할 수 있었기 때문에 어린 아이들도 부모님과 함께 모금 운동에 참여했습니다.

희망돼지 저금통

2002년 대선 당시 각 후보들의 TV 토론이 있었습니다. 그때 한나라당 이회창 후보는 토론에서 한 패널로부터 "옥탑방이 무엇인지 아십니까?"라는 질문을 받았습니다. 그러자 그는 패널에게 "옥탑방이 뭐죠?"라고 되물었습니다. TV토론을 지켜본 네티즌들은 이회창 후보를 가리켜 '귀족 후보'라며 비난했습니다.

그 다음날 노무현은 같은 TV 토론 프로그램에 출연하게 되었습니다. 그리고 어제와 마찬가지로 그에게도 똑같이 '옥탑방'에 대한 질문이 주어졌습니다. 노무현 대통령은 솔직하게 모른다고 대답했습니다. 전날 이회창 후보의 TV 토론에서 크게 이슈가 되었던 부분이라 당시 노무현 대통령이 옥탑방에 대해 모를 리가 없었습니다.

그래서 TV 토론을 마친 후 측근들은 답답한 마음에 이렇게 말했습니다.

"아니, 거짓말로라도 옥탑방에 대해 안다고 말씀하시지 그러셨습니까?"

그러자 노무현 대통령은 이렇게 말했습니다.

"사실 저도 어제 이회창 후보의 토론을 볼 때 옥탑방에 대해 모르고 있었습니다. 그 사실을 아들이 아는데 오늘 제가 텔레비전에 나와서 옥탑방을 안다고 대답할 수 없지 않습니까."

그는 언제나 원칙과 소신을 지켰습니다. 사람들은 그의 그러한 모습에 매료되었습니다. 그리하여 시간이 흐를수록 노무현 후보를 지지하는 사람들이 늘어났습니다.

노사모를 주축으로 전국으로 '분양' 된 희망돼지에는 수많은 10원짜리, 50원짜리, 100원짜리 동전들과 지폐들이 채워지고 있었습니다. 그렇게 '희망돼지 저금통'에는 노무현 후보를 향한 지지자들의 사랑이 채워지고 있었던 것입니다.

많은 지지자들의 성원과 지지 속에 결전의 날 제16대 대통령 선거일이 조금씩 다가오고 있었습니다.

노란쪽지

"도와줄까요?" VS "이의 있습니다"
— 정의를 위해 봉사하고 불의를 지나치지 않는 사람

노무현은 변호사 시절, 돈이 없는 사람들의 억울한 일들을 풀어주기 위해 인권변호사가 되었습니다. 정의를 위해서는 기꺼이 자세를 낮추고 "도와줄까요?"라고 물을 수 있었던 사람이었습니다. 그렇지만 불의에는 허리를 꼿꼿이 세우고 저항했습니다.

1990년 1월 30일. 김영삼 총재를 비롯한 소속 국회의원들은 3당 합당을 위해 해체식을 가졌습니다. 해체식에서 김영삼 총재가 말했습니다.

"위태로운 나라를 구하는 차원에서 통일민주당을 해체합니다. '이의 없습니까?' 이의가 없으므로 통과되었음을……"

그 순간 객석에서 갑자기 한 젊은 의원이 벌떡 일어났습니다. 그는 오른손을 번쩍 들고는 큰 소리로 외쳤습니다.

"이의 있습니다. 반대토론을 해야 합니다!"

그는 김영삼 총재의 공천으로 국회의원이 된 초선의원 노무현이었습니다.

상대방이 옳지 않은 일을 하고 있음을 뻔히 알면서도 우리는 선뜻 나서지 못할 때가 많습니다.

'차라리 나도 모른척할까?'

'괜히 나섰다가 창피만 당할지도 몰라.'

노무현 대통령처럼 용기 있는 사람은 절대 불의와 타협하지 않습니다.

'아냐, 이 일은 옳지 않아. 바로 잡아야 돼.'

당장은 힘들고 고통스럽다고 해도 양심을 저버리는 행동은 하지 말아야 합니다. 원칙과 소신을 지키는 용기 있는 사람이 되어야 합니다. 용기를 가질 때 여러분은 세상의 주인공이 될 수 있습니다.

노무현 대통령은 똑똑한 바보 대통령이었습니다.
가장 낮은 곳에 있는 사람들에게 있어 이웃, 친구와 같은 사람이었습니다.
노무현 대통령은 국민이 잘 사는 나라를 만들기 위해 노력했습니다.
그는 어느 누구에게도 고개를 숙이지 않았습니다.
오로지 국민에게만 고개를 숙인 대통령이었습니다.

4장

맞습니다, 맞고요

제16대 대통령에 당선되다

"16대 대통령에 노무현 민주당 후보가 당선되었습니다!"

노무현은 2002년 12월 19일 치러진 제16대 대통령 선거에서 당당하게 당선되었습니다. 그는 1천199만9천여 표를 얻어 48.9%의 득표율을 기록해 1천142만4천여표로 46.6%를 얻은 한나라당 이회창 후보를 약 57만여 표 차이로 이겼습니다.

노무현은 전국에서 비교적 고르게 표를 획득했습니다. 그동안 우리나라의 고질병과도 같았던 지역주의의 장벽을 뛰어넘

었던 것입니다. 지역주의 문제 해결은 노무현이 이루고 싶은 꿈 중 하나였습니다. 그는 이제 시작이라고 생각했습니다.

또한 제16대 대통령 선거에서 그는 '희망돼지 저금통' 후원 모금을 통해 깨끗한 선거문화를 정착하는 데 이바지했습니다.

"민주당 노무현 후보가 이회창 후보를 누르고 대통령에 당선되었습니다."

당선 소식은 텔레비전을 통해 사람들에게 전해졌습니다. 자정을 훌쩍 넘긴 시간에도 사람들은 두근거리는 마음으로 개표 결과를 지켜보았습니다. 그리고 늦은 밤, 지켜보던 사람들이 일제히 환호했습니다.

"와! 노무현이 당선되었다."

"이제 서민들이 살기 편한 시대가 올 거야."

노무현이 대통령에 당선된 데는 '노사모'의 활발한 활동의 영향이 컸습니다. 한 마디로 인터넷 열풍을 주도했던 것입니다. 그동안 젊은 층의 사람들은 정치에 무관심했던 것이 사실입니다. 하지만 노사모는 인터넷을 통해 그들을 선거로 끌어들이는 데 결정적인 역할을 했습니다.

"여러분, 이번 대통령 선거에 꼭 참여해주세요."

"우리 손으로 올바르고 능력 있는 대통령을 뽑아야만 합니다."

그 결과 선거를 '일회성의 정치적 쇼'가 아닌 온 국민이 참여하는 정치적인 축제로 변화시킬 수 있었습니다.

국민들은 새로운 정부에 대한 기대를 걸었습니다. 지금보다 더 살기 좋은 세상이 오리라고 믿었습니다.

얼마 후 국민의 큰 기대를 안고 노무현이 이끄는 '참여정부'가 출범하게 되었습니다. 노무현 대통령은 그동안 대통령이 누려오던 권위를 벗어던졌습니다.

"대통령이라고 해서 국민들 위에 있을 순 없어."

"부자와 서민, 모두가 공평한 사회를 만들자."

그는 과거의 여느 대통령들처럼 함부로 권력을 휘두를 수 있었지만 그렇게 하지 않았습니다. 자신을 대통령으로 선출해준 사람은 바로 국민이라는 것을 잘 알고 있었기 때문입니다.

노무현 대통령은 항상 모두가 더불어 살 수 있는 공평한 사회를 만들기 위해 노력했습니다.

원칙과 소신을 지키는 대통령

　노무현 대통령은 원칙과 소신이 분명한 정치인이었습니다. 그는 스스로 옳은 길이라고 생각하면 손해가 나더라도 반드시 그 길을 갔습니다. 그런 만큼 시련과 역경도 많았습니다. 그때마다 피하기보다 정면 돌파했습니다.

　그는 대통령에 당선되자마자 특별교부금의 사용을 금지했습니다. 특별교부금은 재난 발생이나 신속하게 예산을 집행할 필요가 있을 때 대통령이 누구의 간섭도 받지 않고 사용할 수 있

는 특별한 돈입니다.

하지만 과거에는 이것을 일종의 통치 수단으로 썼던 적이 많았습니다. 예를 들어 어느 지역에 순시를 갔을 때 지역 주민들로부터 다리나 도로를 놓아달라는 부탁을 받으면 특별교부금으로 민원을 해결해주었던 것입니다.

"우리 지역에 도로 사정이 좋지 않습니다."

"예, 알겠습니다. 새 도로를 개설해드리지요."

이런 식이었습니다. 그런데 노무현 대통령이 특별교부금의 사용 금지를 선언하자 대통령 인수위원회에서는 격렬하게 논쟁이 벌어졌습니다.

"특별교부금의 사용을 금지해선 안 됩니다."

"원활한 국정운영과 영향력을 위해서는 반드시 특별교부금의 사용이 필요합니다."

그러나 노무현 대통령은 강력히 밀고 나갔습니다.

"지금 당장 없애지 않고 사용하다보면 나중에는 없애지 못합니다. 따라서 취임 순간부터 없애야 합니다!"

노무현 대통령의 소신을 보여주는 또 다른 일들이 있습니다. 그는 검찰의 개혁을 추진하기 위해 법무부 장관에 검사 출신이 아닌 40대의 젊은 여성 변호사를 임명했습니다. 바로 강금실 전 법무부 장관입니다. 그녀는 사법고시 23회 출신으로 당시 검찰총장이었던 김각영 총장보다 무려 10기수나 아래였습니다. 그래서 노무현 대통령은 많은 비판을 받았습니다.

"어떻게 검찰총장보다 기수가 낮은 여성 변호사를 법무부 장관으로 임명할 수 있어?"

"어디 얼마나 가는지 두고 보자."

모두들 강금실 법무부 장관이 오래 버티지 못할 것이라고 예상했습니다. 그런 예상과는 달리 그녀는 주위의 눈치를 보지 않고 노무현 대통령과 마찬가지로 소신껏 일을 했습니다.

노무현 대통령은 이장 출신인 김두관 남해군수를 행정자치부 장관으로 발탁하는 파격적인 인사도 실행했습니다. 그러자 이번에도 역시 비난의 목소리가 높았습니다.

"어떻게 이장 출신을 행정자치부 장관으로 앉힐 수가 있어?"

"과연 이장 출신이 장관으로서 얼마나 일을 잘하는지 두고 보자."

"어떻게 이런 말도 안 되는 인사를 할 수 있을까?"

그러나 노무현 대통령은 사람의 외모나 학벌, 경력을 보지

않았습니다. 그 대신 그 사람이 가지고 있는 능력만을 보았습니다. 그리고 자신이 임명한 사람들은 끝까지 믿고 일을 맡겼습니다.

그는 또 참모들의 만류에도 불구하고 국정원과, 검찰, 경찰 등을 권력 유지의 수단으로 삼지 않겠다고 말했습니다. 올바른 민주주의를 실현하기 위해 반드시 그러한 원칙을 지켜야한다고 생각했기 때문입니다.

원칙과 소신을 지킨 노무현 대통령. 그는 임기 중에 한 인터뷰에서 이렇게 말했습니다.

"제일 마음에 드는 별명이 '바보' 입니다. 당장 눈앞의 이익만 쫓지 않고 먼 미래를 내다보는 '바보 정신' 으로 정치를 하면 나라가 좀 잘될 것이라고 생각합니다. 난 바보로 불리는 게 좋습니다."

노무현 대통령은 똑똑한 바보 대통령이었습니다. 가장 낮은 곳에 있는 사람들에게 있어 이웃, 친구와 같은 사람이었습니다.

링컨은 국민의, 국민에 의한, 국민을 위한 정부는 이 지구상에서 결코 사라지지 않는다고 말했습니다. 노무현 대통령 역시 국민이 잘 사는 나라를 만들기 위해 노력했습니다. 그는 어느 누구에게도 고개를 숙이지 않았습니다. 오로지 국민에게만 고개를 숙인 대통령이었습니다.

가장 서민적이고 인간적인 대통령

노무현 대통령은 서민을 위한 대통령이었습니다. 가난하고 소외된 사람들을 볼 때면 진정으로 마음 아파했습니다.

그는 서민들이 사는 모습을 직접 보기 위해 전국 곳곳을 찾아갔습니다. 이웃 아저씨 같은 노무현 대통령을 직접 만난 사람들은 이렇게 말했습니다.

"대통령님, 서민들도 잘 사는 나라를 만들어주십시오."

"요즘 장사가 너무 안 됩니다. 장사 좀 잘되게 도와주십시오."

"월급은 그대로인데, 물가는 하루가 다르게 올라요. 물가 좀 잡아주십시오."

"학생들이 과외 안 해도 좋은 대학교에 들어갈 수 있게 해주십시오."

그때마다 그는 마음이 무거웠습니다. 머릿속에는 많은 생각들로 가득했습니다.

'어떻게 하면 서민들이 잘사는 사회를 만들 수 있을까?'

'서민들의 고통을 좀 줄여줄 수 있는 방법은 없을까?'

언젠가 한 간담회(정답게 이야기를 나누는 모임)에서 힘들게 사는 사람들의 사연을 듣고 눈물을 흘렸습니다. 노무현 대통령이 연신 눈물을 흘리자 곁에 있던 권양숙 여사 역시 눈물을 참을 수 없었습니다.

차라리 비서에게 "저 사람들 도와주도록 조치를 취하게." 라고 말했으면 끝날 텐데, 그는 그렇게 하지 않았습니다. 가난한 어린 시절을 보낸 그 자신이 누구보다 힘든 사람들의 고통과 슬픔을 잘 알기 때문이었습니다. 그는 보다 근본적인 문제들을 해결해주고 싶었습니다.

　그는 지역과 계층이 하나가 되는 국민 통합을 이루어내기 위해 노력했습니다. 잘 사는 사람, 그렇지 못한 사람, 많이 배운 사람, 적게 배운 사람 모두가 더불어 잘 사는 사회를 만들고 싶었습니다.

　그는 종종 이렇게 말했습니다.

　"모두가 한 마음 한 뜻으로 잘 사는 나라를 만들어야 합니다."

"우리는 새로운 역사를 창조할 충분한 힘을 가지고 있습니다. 지역과 계층, 세대를 떠나 한 마음 한 뜻으로 힘을 모아 국민소득 2만 달러 시대, 명실상부한 선진한국의 역사를 열어나가야 합니다."

그는 서민과 장애인을 위한 복지정책도 폈을 뿐 아니라 가난이 대물림 되지 않도록 노력했습니다. 또한 신용불량자들이 새로운 삶을 살 수 있도록 개인회생제도(법원이 강제로 채무를 조정해 파산을 면할 수 있도록 도와주는 제도)를 도입해 경제적 어려움을 덜어주었습니다. 그렇듯이 항상 낮은 곳에서 서민들의 아픔과 슬픔에 귀기울여준 대통령이었습니다.

노무현 대통령은 재임시절 민주주의, 사람 사는 세상을 만들기 위해 헌신했습니다. 그렇게 할 때 지역과 계층의 벽은 허물어지고 평등한 세상이 온다고 굳게 믿었기 때문입니다.

남북정상회담을 성공적으로 개최하다

어린 시절 노무현 대통령은 남과 북이 통일이 된다면 얼마나 좋을까, 하고 생각했습니다. 특히 텔레비전을 통해 이산가족들의 상봉을 볼 때면 가슴이 아팠습니다.

'가족들이 남한과 북한에 뿔뿔이 흩어져 산다는 것이 얼마나 큰 고통일까?'

'잠깐 동안 만났다 헤어지는 이산가족 상봉 말고 다 함께 모여 오래 행복하게 살 수 있다면 좋을 텐데…….'

시간이 흐를수록 헤어진 사람들이 살아생전에 가족들을 만나는 것이 어쩌면 불가능할지도 모른다는 생각이 들었습니다. 대부분의 이산가족들이 연세가 많은 할아버지, 할머니가 되었기 때문입니다.

경제 사정이 어려워진 북한은 전 세계를 향해 종종 핵무기를 개발하겠다고 으름장을 놓았습니다. 그럴 때마다 우리나라뿐 아니라 전 세계의 사람들은 긴장했습니다. 만일 북한이 개발한 핵무기를 다른 나라를 향해 발사한다면 엄청난 인명 피해를 입을 것이기 때문입니다.

노무현 대통령은 우리나라뿐 아니라 세계의 평화를 위해 북한의 핵무기 개발을 막아야겠다고 생각했습니다.

'김정일 국방위원장을 만나보자. 직접 만나서 지금의 긴장된 분위기를 풀어보는 거야.'

노무현 대통령은 북한에 '남북정상회담'을 제안했습니다. 그는 북한의 김정일 국방위원장을 직접 만나 대화로 긴장된 분위기를 풀고 싶었습니다. 그래서 두 나라가 서로 총칼을 겨누는 사이가 아닌 협력하는 관계로 만들고 싶었습니다.

"남한의 남북정상회담을 받아들이겠습니다."

얼마 후 북한으로부터 '남북정상회담'을 받아들이겠다는 연락이 왔습니다. 남북정상회담이 개최된다는 소식에 국민들은 기뻐했습니다.

"어쩌면 이번에는 평화통일까지 가능하지 않을까?"

"남북정상회담을 제안하시다니 역시 노무현 대통령이시란 말이야."

"이번 정상회담 정말 잘 되었으면 좋겠어."

"남한과 북한이 힘을 합친다면 중국과 일본도 쉽게 우리를 넘볼 수 없을 거야."

6·25전쟁 때 북한에 가족들을 남겨둔 실향민(고향을 잃고 타향에서 지내는 국민)들은 이번에는 가족들을 다시 만날 수 있다는 희망을 가졌습니다.

"제발 이번 정상회담이 잘 되어 부모님을 만날 수 있었으면 좋겠다."

"어머니, 조금만 기다려주세요. 제가 곧 모시러 가겠습니다."

드디어 2007년 10월 2일부터 4일까지 평양에서 남북정상회담이 열렸습니다. 노무현 대통령은 남북정상회담을 위해 군사분계선을 직접 걸어서 넘어갔습니다. 남북 분단 이후 처음 있

는 일이었습니다. 노무현 대통령과 영부인 권양숙 여사가 최초로 군사분계선을 밟는 역사적인 순간이었습니다.

이때 일부 사람들은 노무현 대통령이 다음 대통령 선거를 이용하기 위해 남북정상회담을 개최한다고 비난했습니다. 그러나 노무현 대통령의 마음속에는 오로지 나라의 평화와 번영 그리고 통일의 새로운 장을 열기 위한 생각뿐이었습니다.

노무현 대통령은 김정일 위원장과 함께 평양 백화원 영빈관에서 '남북 관계 발전과 평화 번영을 위한 선언'에 서명했습니다. 선언문에는 남한과 북한을 서로 신뢰하고 존중하는 관계로 발전시키자는 것과 남북 경제 협력을 통해 서로 돕자는 것과 남북 간에 사람으로서 인도적(마땅히 지켜야할 도리) 사업에 서로 협력하자는 뜻 등이 담겨 있었습니다.

선언문의 특징은 2000년 김대중 대통령 시절 가졌던 6.15남북공동선언을 더욱 깊이 있게 발전시켜 조국의 자주적 평화통일을 실현하기 위한 구체적인 조치들을 담고 있다는 것입니다. 쉽게 말해 민족의 공동 번영과 통일조국 건설을 위한 구체적인 설계도가 완벽하게 그려진 셈입니다.

우리나라는 남북정상회담을 통해 북한과 원만한 교류를 계속할 수 있었습니다. 뿐만 아니라 평화통일을 향해 한 발자국 다가설 수 있게 되었습니다.

노란쪽지

"맞습니다, 맞고요"
— 남의 말을 경청하고 배려하는 마음을 바탕으로 뜻을 펼치는 사람

가끔 친구들과 다투는 일이 발생합니다. 그런데 대부분의 다툼은 말 때문에 생겨납니다. 상대방의 말을 들어주기보다는 자기 말만 앞세우기 때문입니다.

"넌 왜 네 생각만 하니?"

"그러는 너는 안 그랬니?"

이럴 때 상대방의 말을 경청해주면 어떨까요?

자신의 말에 귀기울여준다는 생각에 상대방은 차츰 화가 풀리게 될 것입니다.

'저 애는 내 말을 끝까지 들어주는데, 난 내 말만 했구나.'

이런 생각과 함께 미안한 생각이 들어 먼저 화해의 손을 내밀어 올 것입니다.

노무현 대통령이 자주 한 말 중에는 "맞습니다, 맞고요."라는 말이 있습니다. 이 말에는 상대방의 말을 잘 듣고 긍정적으로 대하는 태도가 들어 있습니다. 노무현 대통령은 누군가와 대화를 할 때 항상 상대방의 의견을 존중해주었습니다. 고개를 끄덕여주고 맞장구를 쳐주며 끝까지 들어주었습니다. 아무리 서로 다른 의견일지라도, 상대방의 의견을 존중해주고 경청해줄 때 서로 마음을 터놓을 수 있다고 생각했기 때문입니다.

여러분도 다른 사람의 말을 경청하고 존중하는 사람이 되어보세요. 그리고 자신의 의견을 주장할 때는 상대의 의견까지 따뜻한 마음으로 배려하는 사람이 되어보세요. 그것을 바탕으로 자신의 뜻을 펼치면 상대방을 더 잘 설득할 수 있습니다.

큰 꿈을 이루기 위해서는 먼저 경청과 존중, 배려를 습관화해야 합니다.

더 중요한 것은 마을 주민들이 농촌생활에 대한
희망을 가질 수 있게 된 것이었습니다. 부지런히 노력하면 농촌도
도시 못지않게 잘살 수 있다는 희망을 심어준 것입니다.
그리고 '내가 아닌 우리'가 한 팀이 되어 힘을 합하고 노력하면
잘살 수 있다는 모델을 보여준 것입니다.
대통령은 떠나는 농촌에서 돌아오는 농촌으로 만들 수 있다는
메시지를 많은 사람들에게 전하고자 했습니다.

5장

못생긴 나무가 산을 지킵니다

이제 나는 한 사람의 국민입니다

　5년간의 임기를 마친 노무현 대통령은 서울역에서 KTX 고속열차를 타고 고향으로 돌아갔습니다. 리무진이 아닌 열차를 타고 고향으로 향하는 대통령을 보며 국민들은 신선한 충격을 느꼈습니다.
　"아이들이 방학이나 휴가, 주말을 맞아 농촌에 와서 보낼 수 있도록 편안한 봉하마을을 만들고 싶다."
　그는 대통령으로 있던 기간에 자주 이 말을 내비쳤습니다.

"퇴임 후 숲을 가꾸며 시를 쓰고 싶다."

중남미를 순방할 당시에도 그런 계획을 밝힌 적이 있었습니다. 하지만 사람들은 대통령까지 한 사람이 고향으로 내려가는 일이 말처럼 쉽지는 않을 거라고 생각했습니다.

그러나 대통령은 고향으로 돌아가겠다던 약속을 지켰습니다. 이전의 대통령들은 퇴임 후 높은 담장 속에서 되도록 바깥 출입을 금하는 예가 많았습니다. 그런 점에서 노무현 대통령의 결정은 놀라운 일이었습니다. 청와대 주인에서 평범한 주민이 된 대통령. 마을사람들은 대통령을 열렬히 환영했습니다.

고향 봉하마을은 노무현 전 대통령을 포함해 44가구밖에 되지 않는 아주 작은 마을입니다.

그 마을에는 어린 시절 같이 자란 사람들이 아직도 농사를 지으며 살고 있었습니다. 대통령은 정식으로 전입신고를 하고 마을 선배들에게 공손하게 예의를 갖추었습니다.

하루는 마을 사람이 호주머니에 손을 찔러 넣고 소나무 가지치기 하는 방법을 설명하고 있었습니다. 그런데도 대통령은 양발을 가지런히 모으고 반듯한 자세로 서서 설명을 들었습니다.

그 마을 사람은 대통령보다 한 살 나이가 많았습니다.

선배는 흐뭇한 미소를 지으며 말했습니다.

"어릴 때부터 저보고 형이라며 따라서 그렇지요. 지금도 꼭 형님이라고 부릅니다. 하지만 저도 남들과 있을 때는 대통령님이라고 불러드려요."

어떤 사람들은 이런 대통령을 보고 이렇게 말하기도 했습니다.

"봉하마을에 얼마나 오래 머물겠어? 아마 견디지 못할 거야."

그러나 노무현 전 대통령은 자전거를 타고, 소나무 가지치기를 하고, 마을 뒷산에 손수 장군차 나무를 심고, 마을 주민들과 함께 농사를 짓는 모습을 보여주었습니다. 그것은 단순히 사람들에게 보여주기 위한 행동이 아니었습니다.

그는 한없이 평온하고 여유로운 모습으로 농촌에서의 생활을 즐기고 있었습니다. 고향에 내려와 직접 짐을 정리하고 집 청소를 하느라 한 손에는 걸레를 들고 바쁘게 움직였다고 합니다. 대통령까지 한 사람이니 다른 사람에게 시킬 법도 한데 모든 권위를 벗어 던지고 보통의 남편, 보통의 아버지의 모습을 보여주었습니다.

국민들은 대통령이 소탈한 모습으로 고향사람들과 어울려

살아가며 고향 발전을 위해 애쓰는 모습을 지켜보았습니다. 그리고 직접 봉하마을로 찾아가 대통령을 만나고 싶어 했습니다.

대통령님, 나와 주세요!

"대통령님, 나와 주세요!"

봉하마을은 대통령을 만나려는 사람들의 발길로 붐볐습니다. 사람들은 입을 모아 대통령을 불렀습니다.

"대통령님, 보고 싶어요!"

몰려든 사람들은 유치원 꼬마들부터 시작해서 남녀노소의 구분이 없었습니다. 하나 같이 설렘이 가득한 얼굴로 대통령을 보고 싶어 했습니다. 헤아릴 수 없을 정도의 많은 사람들이 쉬지 않고 외쳤습니다.

"대통령님, 나와주세요!"

이윽고 대통령이 미소를 띤 채 모습을 드러냈습니다.

"안녕하십니까? 여러분 반갑습니다."

쓰고 있던 밀짚모자를 벗어 흔들어 보이며 반가움을 표시했습니다. 사람들 앞에 나타난 대통령은 영락없는 농부의 모습이

었습니다. 방문객들은 환호했습니다. TV에서나 볼 수 있었던 대통령을 바로 앞에서 볼 수 있다는 것이 믿기지가 않았기 때문입니다.

평일에도 마찬가지지만 휴일이 되면 하루 몇 차례씩 불려나와 방문객들에게 일일이 인사를 했습니다. 어느 날은 하루 열한 차례나 불려나온 적도 있었다고 합니다.

귀찮지 않느냐고 물으면 대통령은 이렇게 말했습니다.

"손님이잖아요. 손님이 찾아왔는데 집에 있으면서 안 내다보는 게 좀 그렇잖아요. 당연히 나와 봐야지요."

사람들은 권위적이지 않은 대통령을 만나고 나서 이웃집 아저씨, 할아버지 같다며 좋아했습니다.

"아무것도 대접해드리지 못해 죄송합니다. 뒷산과 봉화산에 장군차를 많이 심어 놓았습니다. 앞으로는 차라도 대접해드릴 것 같습니다. 차 맛이 썩 괜찮을 것입니다."

대통령은 이처럼 방문객들이나 마을 주민들을 후하게 대접하면서 본인은 굳이 대접받기를 마다했습니다.

대통령은 방문객들과 악수를 나누기도 하고 같이 포즈를 취하며 사진도 찍어주었습니다. 아이들과 사진을 찍을 때는 손가락으로 V자를 그려 보이며 귀여운 개구쟁이 같은 모습도 보여주었습니다.

봉하마을을 찾는 방문객들은 시간이 지날수록 많아졌습니다. 처음엔 한 달 정도 지나면 사람들의 발길이 끊길 거라 생각했습니다. 그러나 평일에는 천 명에서 삼천 명, 휴일에는 만 명이 넘는 방문객들로 북적여 봉하마을은 관광지나 다름이 없었습니다.

사람들은 노무현 전 대통령에게 '권위를 벗어 던진 대통령'이라고 말합니다. 아마도 권위를 일부러 포기하고 싶은 사람은 없을 것입니다. 누구나 권위 있는 사람이고 싶어 합니다. 그러나 권위라는 것이 사람들을 멀리하고 담장을 높이 쌓는다고 해서 생겨나거나 지켜지는 것이 아닙니다. 노무현 대통령은 되도록 많은 사람들과 소통하고 스스로를 낮춤으로써 사람들이 우러러 보게 했고 진정한 권위란 이런 것이다, 라고 보여주었던 것입니다.

나도 한자공부를 하겠어요

　병아리들 마냥 귀여운 한 무리의 유치원 아이들이 있었습니다. 선생님은 노무현 대통령이 태어난 작은 집 앞에서 아이들에게 이렇게 설명했습니다.
　"여기가 노무현 대통령 할아버지가 태어난 곳이란다."
　아이들은 눈을 크게 뜨고 여기저기 살펴보기 시작했습니다.
　"집이 너무 너무 작아요."
　"정말 대통령 할아버지가 이런 집에서 살았어요?"

"선생님, 그럼 침대도 없었겠네요?"

아이들은 궁금한 것이 많았습니다.

"맞아요. 가난한 집의 아들로 태어났어요. 돈이 없어서 학교도 고등학교까지만 다녔어요."

한 아이가 갑자기 손을 들었어요.

"선생님! 그런데 어떻게 대통령이 될 수 있어요?"

"여러분, 무척 궁금하지요?"

"네~."

모두 큰 소리로 대답했습니다. 어찌나 대답소리가 컸던지 주위 어른들이 깜짝 놀랄 정도였습니다.

"잘 들어보세요. 노무현 전 대통령 할아버지는 가난해서 고등학교까지만 졸업했어요. 하지만 열심히 공부하여 사법시험에 합격했어요. 그리고 판사가 되었어요. 여러분 판사 알지요?"

"네, 까만 옷을 입고 땅 땅 땅! 이렇게 하는 사람이에요."

"죄를 지은 사람한테 벌을 주는 높은 사람이에요."

선생님은 흐뭇해하며 말했습니다.

"맞아요. 하지만 판사 마음대로 하는 것이 아니에요. 법에 따라서 하는 거예요."

그리고 선생님은 이어서 말했습니다.

"그 다음, 변호사가 되어 어려운 사람들을 돕다가 국회의원이 되고 또 장관이 되었어요. 그리고 대통령이 되었어요. 여러분도 열심히 공부하면 얼마든지 되고 싶은 사람, 하고 싶은 일을 할 수 있어요. 알았지요?"

"네!"

"자, 우리 이제 저쪽으로 가서 좀 쉬었다가 대통령 할아버지를 만나기로 해요. 선생님을 따라 오세요."

앞서가는 선생님을 한 아이가 잡았습니다.

"선생님. 저도 이제 한자공부 할래요."

"엄마가 하자고 했을 때는 싫다고 했다면서, 왜 그런 생각을 했지?"

"대통령 할아버지는 여섯 살 때 천자문을 외웠다고 했잖아요."

"정말? 우리 민영이 착하구나. 오늘 여기 오길 참 잘했네."

선생님은 민영이의 모자를 다시 잘 씌워주었습니다.

아이들은 눈빛이 달라져 새로운 다짐들을 하는 눈치였습니다. 게시판에 글을 남기는 아이도 있었습니다.

사람들은 왜 봉하마을로 갔을까?

봉하마을엔 전국 각지에서 사람들이 몰려왔습니다. 휠체어를 탄 할아버지, 코흘리개 어린아이를 무등 태운 아빠, 딸의 손을 꼭 잡은 엄마, 배가 많이 불러 힘든 모습의 예비 엄마, 신혼여행 중인 신혼부부, 똑같은 모자를 쓴 아주머니와 아저씨들, 대학생 누나와 형들, 심지어 외국에서 왔다는 가족도 있었습니다.

왜 사람들은 봉하마을로 갔을까요?

대통령은 사람들이 하는 얘기를 잘 들어주었습니다. 고개를 끄덕이기도 하고, 소리 내어 웃기도 하면서 열심히 귀 기울여 주었습니다. 걱정거리를 쏟아 놓는 아저씨에게는 조금만 참고 기다리면 될 거다, 힘을 내라 하면서 위로해주었습니다.

대통령의 말투에서는 자신감이 넘쳤습니다. 주저하거나 머뭇거리는 법이 없었습니다. 어떤 상황에서도 용기를 잃지 말고 노력해야 한다고 격려해주었습니다.

사람들은 대통령의 진심 어린 격려를 듣고 싶어 먼 길을 달려오는 것이었습니다. 그리고 많은 부모님들이 어려운 가정형편과 학력을 극복하고 우리나라 최고의 자리에까지 오른 대통령의 모습을 보고, 노력만 하면 얼마든지 잘 될 수 있다는 희망을 심어주고 싶어 아이들 손을 잡고 봉하마을을 찾았습니다.

대통령과 악수한 손을 보여주는 아저씨도 있었습니다.

"대통령님의 좋은 기운을 받아가 열심히 살겠습니다."

이렇게 말하는 아저씨도 있었습니다.

"대통령님의 밝은 모습을 보니 좋습니다. 힘이 생깁니다. 다음에 올 때는 친척들도 데리고 올 생각입니다."

'환영합니다'라는 말이 쓰여진 대통령의 그림 앞에서 아저씨는 활짝 웃으며 사진을 찍었습니다.

시골에서 조용히 좋아하는 책을 읽고 글을 쓰는 것으로 시간을 보내도 되었지만 노무현 전 대통령은 농부처럼 바쁘게 생활하고 있었습니다. 방문객들은 그런 모습에서 나도 무슨 일이든 해야겠다는 용기를 얻었던 것입니다. 그래서 사람들은 봉하마을로 끊임없이 발길을 옮겼습니다.

밀짚모자 할아버지의 배려

한 남자가 어둡고 좁은 산길을 걸어가고 있었습니다.

마침 맞은 편에서 한 사람이 등불을 들고 걸어오고 있었습니다.

그런데 가까이서 보니 그 사람은 앞을 보지 못하는 사람이었습니다.

이상하게 생각한 남자가 맹인에게 물었습니다.

"당신은 앞을 보지 못하는 것 같은데, 왜 등불을 들고 다니는 것입니까?"

그러자 맹인은 이렇게 대답했습니다.

"내가 등불을 들고 걸어가면, 눈 뜬 사람들이 맹인인 내가 있다는 것을 알 수 있지요. 그럼 그 사람들이 나와 부딪치는 일이 없이 길을 잘 갈 수 있어서 이렇게 하는 것입니다."

배려란 이런 것입니다. 나보다는 남을 먼저 생각하는 마음입니다.

봉하마을에 대통령 할아버지를 만나러 간 어떤 소년이 있었습니다. 소년은 대통령과 사진을 찍고 싶었으나 사람이 너무 많아 엄두를 낼 수조차 없었습니다.

"아빠. 나도 사진 찍고 싶어요. 빨리요."

소년은 아버지를 졸랐습니다.

"안 되겠다. 다음번에 와서 찍자."

그 말에 오랫동안 기다렸던 소년은 결국 울음을 터트리고 말았습니다.

그때 마침, 밀짚모자를 쓴 대통령이 사람들 속에서 돌아가며 포즈를 취해주고 있었습니다. 가까스로 소년과 아버지도 대통

령과 사진을 찍을 기회를 갖게 되었습니다.

"잠깐!"

포즈를 취하려다 말고 대통령이 외쳤습니다. 짧은 순간, 소년과 아버지는 실망하는 모습이 역력했습니다. 그런데 대통령이 소년에게 물었습니다.

"사진 빨리 보고 싶지?"

"네."

울먹이는 소리로 소년이 대답했습니다.

"그럼, 너의 아버지가 가져온 카메라로 찍자. 저 카메라 사진은 보려면 시간이 좀 걸릴 테니."

대통령은 소년과 키를 맞추어 포즈를 취해 주었습니다. 소년의 얼굴 가까이에 자신의 얼굴을 대고 개구쟁이처럼 웃어주었습니다.

이런 작은 행동들에서 상대방을 배려하는 마음을 읽을 수가 있었습니다. 방문객들과 사진을 찍을 때조차도 배려하는 마음을 잊지 않았습니다.

주위 사람들과 등산을 할 때도 대통령은 등산로에 풀썩 주저앉아 휴식을 취했습니다. 그것은 스스로 편한 자세를 취해줌으로써 같이 산에 오른 사람들이 편히 앉아 쉴 수 있도록 배려하는 마음에서였습니다.

노무현 전 대통령의 남을 배려하는 마음은 고통과 기쁨, 절망과 희망을 함께 나누는 것이었습니다. 국회의원이나 장관을 지낼 때도 항상 그 마음이었습니다. 같이 일하는 사람들을 최대한 존중하려고 노력했습니다.

또한 가장 가까이 하기 쉬운 사람, 가장 일하기 편한 사람이 되기 위해 노력했습니다. 집무실에는 누구나 드나들 수 있도록 했고, 언제든지 이메일로 의견을 보낼 수 있도록 했습니다. 그리고 가급적이면 대화를 하기 위해 자리를 많이 만들었습니다. 지시로 끝낼 수 있는 일도 대화로 풀어나갔습니다.

대화를 함에 있어서는 상대방을 배려하는 마음이 필요합니다. 상대방의 생각이 나와 다르다고 해서 남이 하는 말을 중간에서 잘라서는 안 되는 일입니다. 끈기를 가지고 이야기를 들어주어야 합니다. 대통령은 열린 마음으로 이야기를 들어주고 같이 생각해보겠다는 자세로 대화하고 싶어 했습니다.

봉하마을의 노무현 전 대통령은 사람이 너무 많아 손님 접대를 제대로 할 수 없는 것을 마음 아파했습니다. 그리고 눈높이

를 맞추어 사진을 찍어주고 눈높이에 맞추어 앉아서 사인을 해주는 모습은 상대방을 배려하는 마음이 없고서는 불가능한 일이었습니다.

제가 개그를 잘 하니까

봉하마을에 몰려드는 방문객들이 미소를 지으며 돌아가고 또 찾게 되는 이유가 더 있습니다. 노무현 전 대통령은 개그에 대해서 공부를 하는 것이 아닐까 생각할 정도로 개그맨보다 더 재미있게 분위기를 이끌어갔습니다.

방문객들은 대통령이 던지는 말 한 마디 한 마디에 폭소를 터트렸습니다. 행복 전도사가 된 것입니다.

대통령의 유머는 듣는 사람을 행복하게 합니다. 많은 사람을 대접하지 못하는 상황을 이렇게 표현했습니다.

"손님이 적게 와야 막걸리라도 한 잔씩 주거니 받거니 할 텐데, 이렇게 많은 사람과 주거니 받거니 하면 그 많은 술을 받아 먹어야 하니 제가 버틸 수가 없지요."

미안하고 대접하지 못하는 실정을 재미있게 설명하자 방문

객들이 한바탕 소리 내어 웃고 말았습니다.

그리고 권양숙 여사와 함께 방문객들을 맞지 못하는 미안함을 이렇게 말했습니다.

"제가 여기 나오니까 아내가 그래요. 사람들이 자기는 쳐다보지 않고 자꾸 저만 본다고요. 그거야 내가 개그를 잘 하니까

당연한 것인데, 아내는 자기 연기가 부족한 것은 모르고 사람들이 자기를 보고는 웃지 않는다고 은근히 삐졌어요."

역시 방문객들은 폭소를 터트렸습니다.

개그맨보다도 더 재미있는 대통령. 방문객은 물론 봉하마을의 주민들과도 스스럼없는 농담을 주고받으며 생활했습니다. 또 TV프로그램 제작 팀이 방문하여 촬영을 할 때도 권위적이기 보다는 소탈하고 이웃집 아저씨 같은 푸근함으로 거리를 두지 않았습니다.

손녀를 태운 자전거를 운전하고, 행여 손녀의 손이 시릴까봐 화장지로 아이스크림을 싸서 주는 모습은 우리의 보통 할아버지와 다를 바 없었습니다. 손녀를 지극히 사랑하는 할아버지 그 자체였습니다.

한 사람의 국민으로, 한 사람의 봉하마을 주민으로, 손녀의 한 할아버지로 노무현 전 대통령은 많은 사람들에게 건강한 웃음을 주었습니다.

한국의 링컨 노무현

　노무현 전 대통령은 미국의 대통령 링컨에 관한 책을 펴낸 적이 있었습니다. 소신이 뚜렷했던 링컨 대통령에 대해 쓴 〈노무현이 만난 링컨〉이라는 책입니다.

　링컨은 미국의 대통령들 가운데 가장 탁월한 유머감각을 지닌 지도자로 꼽힙니다. 링컨은 대화를 하거나 논쟁을 벌일 때 적절히 유머를 사용하여 사람들의 시선을 집중시켰고 논쟁을 늘 유리하게 이끈 대통령입니다.

　상원의원 선거에서 더글러스 후보와 겨루게 되었을 때 과거 경력을 문제 삼아 비방하는 더글러스에게 링컨은 다음과 같이 재치 있게 답변하여 청중들의 관심을 돌려놓았습니다.

　"더글러스 후보가 저를 보고 두 얼굴을 가진 사나이로 몰아세우고 있습니다. 좋습니다. 그의 말이 사실이라면 여러분께서 잘 생각해보시기 바랍니다. 만일 제가 두 얼굴을 가진 사나이라면 오늘 같이 중요한 날, 왜 제가 이렇게 못 생긴 얼굴을 가지고 나왔겠습니까?"

　사람들 중에는 노무현 전 대통령을 '한국의 링컨'이라고 말하는 이들이 있습니다. 그 이유는 많이 배우지 못했음에도 불구하고 가난과 거듭되는 실패를 딛고 변호사가 되었으며 정치에 입문하여 끝내 대통령에까지 오르는 과정, 거기다가 유머감각까지 뛰어난 점들이 닮아 보였기 때문입니다.

노무현 대통령은 재임기간에도 많은 유머를 남겼습니다. 그 중에 하나, 신임 사무관 특강에서의 일입니다. 한 신임 사무관이 노무현 대통령에게 물었습니다.

　"대통령이란 직책만큼 격무에 시달리는 지위도 없는데, 그런 대통령님께서는 어떻게 과중한 업무로 인한 피로와 긴장을 해소하시는지, 대통령님의 건강 유지를 위해 특별히 챙기시는 부분은 없는지 알려주셨으면 합니다."

　대통령의 대답으로 장내는 웃음바다가 되었습니다. 그 대답은 이랬습니다.

　"대통령의 건강은 국가기밀입니다."

　유머는 생활의 활력소입니다. 더구나 어렵기만 한 위치에 있는 대통령의 유머는 봉하마을을 방문하는 사람들의 청량제가 되었습니다.

농사 공부하는 대통령

　노무현 전 대통령은 고향으로 내려와 오리농법을 이용한 농사법, 환경 운동으로 바쁜 나날을 보냈습니다.
　오리농법이란 어떤 것일까요?
　오리농법은 오리를 논에 풀어 각종 병충해를 박멸하도록 하여 농약 사용을 줄이는 친환경 농법을 말합니다. 오리를 논에 풀어놓아 기르면 오리들이 해충을 잡아먹고 어린 잡초도 뽑아내고 또 오리의 배설물은 유기질 비료가 된다고 합니다. 따라

서 농약이나 화학비료를 사용하지 않아도 되는 이점이 있습니다. 그리고 나중에 오리는 건강식품으로 팔수도 있어 농가의 소득이 올라갑니다.

오리를 논에 풀어놓으면 오리가 헤엄치고 돌아다니면서 흙탕물을 만들게 됩니다. 논의 물이 탁해지면 물밑의 잡초 씨앗이 햇빛을 볼 수 없어 싹을 틔우질 못합니다. 그래서 옛 어른들은 모내기를 하고나면 논에 나가 물을 한 번씩 휘휘 저어주곤 했답니다. 또 하나, 오리가 물 안에서 움직일 때마다 뿌리를 자극시켜 벼가 잘 자라게 하는 효과도 있습니다.

우리나라는 농약과 화학비료를 사용하는 농사로 인해 환경오염 문제가 심각한 지경에 이르렀습니다. 자연생태계의 파괴와 토양의 산성화, 수질 오염 등으로 유기농법의 필요성을 느끼고 있는데 그에 대한 올바른 해결책의 하나로 오리 농법이 등장하게 되었습니다.

대통령이 고향으로 내려오기 이전부터 봉하마을 주민들은 몇 차례에 걸쳐 오리농법을 시도하려 했습니다. 그러나 여러 가지 문제에 부딪쳐 실천하지 못하고 있었습니다. 그러다 대통령이 고향으로 내려오면서 다시 시도하기로 한 것이었습니다.

노무현 전 대통령은 봉하마을에서 '오리관리 실장' '오리농법 실장'으로 불렸습니다.

"오리농법으로 농사를 지으려면 아침에 오리를 풀어주고 저녁에는 오리를 데려다 가두어야 하는데……."

마을 주민들은 너무도 번거롭고 귀찮은 일이라며 꺼렸습니다.

"그럼 내가 직접 오리를 풀어주고 가두도록 하지요."

대통령이 직접 주민들이 꺼리는 일을 하겠다고 나섰습니다. 마을 주민들의 소득향상과 환경문제 해결을 위해 대통령은 오리농법에 손수 앞장섰습니다.

그러나 오리농법으로 농사를 지으려면 무엇보다도 맑은 물이 필요했습니다. 봉하마을로 흘러드는 농업용수는 대부분 탁한 물이어서 오리농법을 시행하기에 어려움이 많았습니다. 대통령의 형님도 걱정을 많이 했다고 합니다.

"동생이 옛날 봉하마을에 있을 때부터 부모님의 농사일을 제법 잘 거들기는 했지만 직접 농사 지은 경험은 없는데 잘 할 수 있을지 걱정이다."

그러나 대통령은 꼭 해야 할 일이라고 말했습니다.

"약간 불안하다고 해서 도전을 하지 않으면 발전이 되겠습니

까. 다른 마을은 다 변화하는데 우리만 옛날 방식 그대로 있으면 발전은 없고 낙오하고 맙니다."

혹시 농민들에게 예상하지 못했던 피해를 안겨줄 수 있다는 걱정이 많았지만 미래를 위해 과감한 용기와 결단력을 발휘했습니다. 실패가 두려워 도전하지 않는다면 어떤 발전도 기대할 수 없다는 평소의 신념을 실천으로 옮겼습니다.

'봉하 오리쌀'은 그렇게 탄생했습니다. 대통령의 모습과 재미있는 모양의 오리가 그려진 쌀을 많은 사람들이 맛볼 수 있게 되었습니다.

떠나는 농촌에서 돌아오는 농촌으로

노무현 전 대통령이 고향 봉하마을로 내려가 처음 한 일은 환경 정화였습니다. 새벽부터 손수 마을 청소를 하고 수로의 쓰레기를 치웠습니다.

대통령은 봉하마을을 흐르는 화포천의 오염이 심각한 것을 걱정했습니다. 화포천은 대통령이 어린 시절에는 하늘이 새까맣도록 철새들이 날아들던 곳이었는데 너무 많이 오염된 것이었습니다. 그러나 화포천에 아직도 수달이 산다는 주민들의 이야기를 듣고 희망을 가졌습니다. 수달이 산다는 것은 아직 화포천이 살아 있다는 증거이기도 했습니다.

어느 날, 봉하마을과 대통령의 일상을 촬영하던 방송국의 카메라가 수달을 포착했습니다.

"그것이 정말입니까?"

대통령은 크게 기뻐했습니다. 오염이 심각한 하천이지만 잘 가꾼다면 회복될 가능성을 보았기 때문입니다. 대통령은 화포천의 환경 정화 활동에 직접 나섰습니다. 집게로 쓰레기를 줍고 갈고리를 이용해 하천 바닥에 있는 오물들을 건져냈습니다.

"풀, 벌레, 새들이 사는 생태계가 풍성해져서 아이들의 자연 학습장으로 활용되었으면 좋겠다."

대통령의 바람은 이것이었습니다.

대통령은 초등학교 학생들과 함께 화포천에 참게를 방류하기도 했습니다. 대통령이 어렸을 때는 화포천뿐만 아니라 마을 앞 들판의 논에서도 흔하게 볼 수 있었던 것이 참게였습니다. 참게는 수중 생태계의 청소 동물로 하천 생태계를 건강하게 유지하는 데 큰 몫을 담당합니다. 참게를 방류함으로써 화포천이

하루라도 빨리 깨끗해지기를 바라는 마음이었습니다.

동네주민들은 화포천 지킴이단을 결성하여 화포천에 대한 생태 복원과 보호 활동을 펼쳤고 근처 공단에서 배출되는 오염 물질을 감시하기도 했습니다.

마을과 주변 환경은 많은 변화가 일어났습니다. 마을은 깨끗해지고 논과 화포천에는 곤충과 식물의 수가 늘어났습니다.

그러나 더 중요한 것은 마을 주민들이 농촌생활에 대한 희망을 가질 수 있게 된 것이었습니다. 부지런히 노력하면 농촌도 도시 못지않게 잘 살 수 있다는 희망을 심어주었습니다. 그리고 '나가 아닌 우리'가 한 팀이 되어 힘을 합하고 노력하면 잘 살 수 있다는 모델을 보여주었습니다.

대통령은 떠나는 농촌에서 돌아오는 농촌으로 만들 수 있다는 메시지를 많은 사람들에게 전하고자 했습니다.

"못생긴 나무가 산을 지킵니다."
— 고향과 자연을 아끼고
사람을 두루 사랑하는 사람

산 중에는 무수히 많은 나무들이 한데 엉켜 살아갑니다. 목수는 그 나무들 가운데 가장 곧고 잘생긴 나무를 가장 먼저 잘라 서까래 감으로 씁니다.
그 다음 못 생긴 나무가 나중에 큰 나무로 자라서 기둥이 됩니다.
가장 못 생긴 나무는 끝까지 남아서 산을 지키는 큰 고목나무가 되는 것입니다.
그래서 사람들은 가장 못 생긴 나무가 고향의 산을 지킨다고 말합니다.

노무현 대통령은 퇴임 후 고향으로 돌아가 손수 쓰레기를 줍고 농사를 지으며 떠나는 농촌이 아니라 돌아오는 농촌으로 만들기 위해 환경지킴이가 되었습니다.
숲을 가꾸고 화포천을 살려 생태학습장으로 만드는 작업을 펼쳤습니다. 주말이면 도시에 사는 사람들이 아이들과 함께 찾아와 자연의 아름다움과 소중함을 체험할 수 있도록 노력했습니다.
노무현 대통령은 고향과 자연을 아끼고 이웃 주민들, 나아가 서민들과의 삶을 소중히 여겼습니다. 화려하고 편리한 도시 생활을 버리고 스스로 못 생긴 나무가 되어 고향을 지키는 사람이 되고자 했던 것입니다.

참고문헌

노무현 외 《상식, 혹은 희망 노무현》 행복한책읽기
노무현 《여보, 나 좀 도와줘》 새터
노무현 《노무현의 리더십이야기》 행복한책읽기
김창배 《대통령님 나와주세요》 포북

똑똑한 바보 대통령 노무현

초판 1쇄 발행 2009년 07월 01일

지은이 | 김태광
그 림 | 심인섭
발행인 | 김성수
편 집 | 권미경
관 리 | 유승철
마케팅 | 이은숙
표지 디자인 | 황수정
본문 디자인 | 정현옥

발행처 | (주)SJ소울
주 소 | 서울시 마포구 서교동 477-1 영신빌딩 2층
문 의 | 02-333-8092
팩 스 | 02-333-8094
등 록 | 2008년 10월 29일 제313-2008-180호

값 10,000원

ISBN : 978-89-962065-4-5 73810

이 책은 저작권법의 보호를 받는 저작물이므로
(주)SJ소울의 동의 없이는 어떠한 형태나 수단으로도
이 책의 내용을 사용하지 못합니다.

잘못된 책은 바꿔드립니다.